U0936566

珍藏本·增订本

纪念版

汉译世界学术名著丛书

自然法典

或自然法律的一直被忽视或被否认的真实精神

〔法〕摩莱里 著

黄建华　姜亚洲 译

商务印书馆
SINCE 1897
The Commercial Press

Morelly

CODE DE LA NATURE

ou le véritable

esprit de ses lois,

de tout temps négligé ou méconnu

Édition Sociales, Paris, 1970

巴黎“社会出版社”1970 年版

《自然法典》初版扉页

汉译世界学术名著丛书
（120 年纪念版·珍藏本）
增订本出版说明

2017 年 10 月，为纪念商务印书馆创立 120 周年，本馆推出"汉译世界学术名著丛书"（120 年纪念版·珍藏本），计七百种。近五六年来，仰赖学界同人倾力支持，订正旧译，增补新译，拓展新著，积累日多。为满足读者需要，本馆在七百种的基础上，继续推出"汉译世界学术名著丛书"（120 年纪念版·珍藏本·增订本）三百种。至此，"汉译世界学术名著丛书"累计出版已达千种。

今后，本馆将继续推进丛书的翻译出版工作，在积累单本名著的基础上陆续分辑刊行，汇印出版。为促进中外文明互鉴、推动我国学术发展，使"汉译世界学术名著丛书"这项对我国学术文化有基本建设意义的重大工程发挥更大作用，诚望海内外学术界、翻译界继续给予支持，帮助我们把这套丛书出得更好。

商务印书馆编辑部

2024 年 2 月

汉译世界学术名著丛书
（120年纪念版·珍藏本）
出 版 说 明

2017年2月11日，商务印书馆迎来120岁的生日。120年前，商务印书馆前贤怀揣文化救国的理想，抱持“昌明教育，开启民智”的使命，立足本土，放眼寰宇，以出版为津梁，沟通中西，为中国、为世界提供最富智慧的思想文化成果。无论世事白云苍狗，潮流左右激荡，甚至战火硝烟弥漫，始终践行学术报国之志，无改初心。

逐译世界各国学术名著，即其一端。早在20世纪初年便出版《原富》《天演论》等影响至今的代表性著作，1950年代后更致力于外国哲学和社会科学经典的译介，及至1980年代，辑为“汉译世界学术名著丛书”，汇涓为流，蔚为大观。丛书自1981年开始出版，历时三十余年，迄今已推出七百种，是我国现代出版史上规模最大、最为重要的学术翻译工程。

丛书所选之书，立场观点不囿于一派，学科领域不限于一门，皆为文明开启以来，各时代、各国家、各民族的思想与文化精粹，代表着人类已经到达过的精神境界。丛书系统译介世界学术经典，引领时代思想，为本土原创学术的发展提供丰富的文化滋养，为推动中国现代学术和现代化进程做出了突出的贡献。

为纪念商务印书馆成立120周年，我们整体推出“汉译世界学术名著丛书”120年纪念版的珍藏本，寄望既利于文化积累，又便于研读查考，同时向长期支持丛书出版的译者、编者和读者致以敬意。

两甲子后的今天，商务印书馆又站在了一个新的历史时间节点上。我们不仅要铭记先辈的身影和足迹，更须让我们的步伐充满新的时代精神。这是商务人代代相传的事业，更是与国家和民族的命运始终紧密相连的事业。我们责无旁贷，必须做好我们这代人的传承与创造，让我们的努力和成果不仅凝聚成民族文化的记忆，还能成为后来人可以接续的事业。唯此，才能不负前贤，无愧来者。

商务印书馆编辑部

2017年10月

出版说明

摩莱里(生卒年月不详,有人疑为狄德罗的笔名)是法国十八世纪空想共产主义著名的代表人物,也是法国大百科全书派的先驱者之一。

摩莱里站在唯心主义的唯理论的立场上,根据“自然法”和“自然状态”的学说,论证了原始共产主义是符合“理性”的人类社会的黄金时代,是理应值得人们在现代和将来加以采纳的一种理想的社会制度。

摩莱里在他的著作中,通过法律和理论的形式继承并发展了空想共产主义的一些传统的原理,并使之理论化和系统化。恩格斯曾经对摩莱里和马布利的学说给予很高的评价,认为他们的理论是十八世纪“直接共产主义的理论”。

摩莱里的思想对法国十八世纪末的巴贝夫和巴贝夫主义者发生过深刻的影响。巴贝夫在法庭上受审时,曾经理直气壮地承认自己就是摩莱里和马布利的学生。

《自然法典》是摩莱里在十八世纪出版的一本轰动一时的名著。五十年代末,刘元慎和何清新二同志曾根据苏联科学出版社出版的俄译本译成汉文由我馆出版。现在这个译本是根据1970年在巴黎出版的法文原著,由黄建华、姜亚洲两同志翻译,并由伊信同志校订的。在这个新版本中还补译了俄译本中所没有收进去的一部分章节。至于俄译本中有的而法文本中没有收进的一些文章，如长诗《巴齐里阿达》中的三首，因是摩莱里通过形象的思维来表述他关于未来社会的设想，对于了解摩莱里的思想学说至关重要，故我们仍予保留。

1981 年 6 月 1 日

目　　次

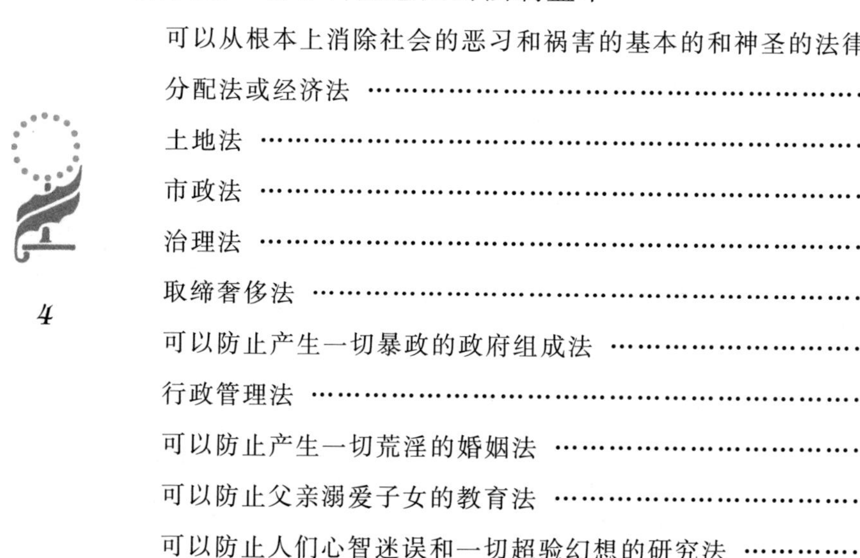

CODE

DE

LA NATURE,

OU

LE VÉRITABLE

ESPRIT DE SES LOIX.

De tout tems négligé ou méconnu.

Quæque diu latuere, canam. Ovid.

PAR-TOUT,

CHEZ LE VRAI [illegible]

M DCC LV[illegible]

《自然法典》第一版的里封

自然法典

或

自然法律的一直被忽视或被否认的真实精神

quœque diu latuere, canam[1]

OVIDE[2]

① 我愿歌颂那长期埋没的东西。——拉丁语

② 奥维得(公元前43—公元17年),罗马大诗人。——译注

序　　言

Non est mora Longa...（我不会用很长时间——贺拉斯[①]）。人们是否读这本书，对我关系不大；但是，如果要读，就应当先读完，再提出任何异议。我既不愿意人家半听不听，也不愿意让有成见的人来评判。为了了解我，就必须放弃自己最珍视的偏见：请你摘掉这块面纱一分钟吧，你将会惊讶地发现，你认为从中汲取智慧的地方，正是一切灾祸和罪恶之根源。你会清楚地看到自然的最简单而又最好的教诲，它总是处处与通常的道德和政治不相容的。如果你的心灵和理智已经被通常的道德和政治的信条所迷惑，你既不愿意也不可能意识到其荒谬之处，那么，我就听凭你随这谬误之流去吧。Qui vult decipi，decipiatur[②]。

① 引自贺拉斯（公元前65—前8年，罗马大诗人）的诗句。——译注

② 谁愿意受骗，就让他受骗吧。

第　一　篇

政治和道德的一般原则的缺点

本论文的主题

在这篇论文里，我通过分析来阐发真理。这些真理尽管简单而又明了，但几乎一直被人所遗忘，或被偏见的阴影所笼罩。我力图把散见于我们的某些哲人的著作中的这些真理收集起来；但是，这些真理却同大量的错误见解混淆在一起，或者陈述得如此无力，以致在书中几乎不被觉察。我把它们收集在一起，为的是使其恢复全部力量。有一首无论就其主题还是就其结构来说都是新颖的长诗[①]，最近以史诗的优美形式表达了这些真理，使其放射出光彩，具有更大的魅力。我在本篇论文中，只保留这些真理固有的明显性，而不加任何的修饰。

理性的状况是如此可怜，这就应当竭尽全力、千方百计地撕下蒙在它眼睛上的绷带，使它把视线转到人类的真正利益上去：《巴齐里阿达》的主旨就在于此。在交代过这部长诗的主题和结构之后，我便要在这里不加修饰地陈述它的道德体系了。

---

① “一首无论就其主题……都是新颖的长诗”：此段涉及摩莱里的长诗《巴齐里阿达，或浮岛之沉没》。该诗共三卷，1753年在巴黎作为译自印第安语的译本出版。摩莱里隐瞒他是该诗的作者，甘愿冒充为译者。在这本乌托邦作品中，他描绘遥远的地方存在一个共产主义国家。——译注

对《巴齐里阿达》的结构和主旨的总看法

看来，作者认为，不必研究亚里士多德的《诗学》及其注释，只要借助于生动的、受判断力指引的想象力，便能创造出符合一切艺术规则的英雄史诗；这些艺术规则本身，比运用天才描写英雄人物的事实要晚得多，而其权威也正是从这灵魂之火所产生的作品里取得的。总之，正如人为的逻辑学出现以前就已进行推理而且是进行正确的推理一样，一些十分优美的诗歌也早在人们注意研究其结构以前就已经存在了。

我和作者一样认为，在给予古今名作家的聪明幻想以公正评价的同时，可以为史诗开辟一条新的途径，并可按这样的计划进行创作：即内中不必引进伟大诗人们认为值得歌颂的任何激情的行动、任何悲惨与流血的事件或者浪漫式的奇遇。

这些名人的虚构之作都是与各民族的宗教、政治和道德的偏见有联系的，他们曾想教诲这些民族或者想取悦他们；他们自己就尊重这些偏见；似是而非的东西比真实的东西更能打动他们，他们只求美化那些自以为美好和值得赞扬的事物。

认真地考察到他们的道德会大大低于他们力图用以装饰道德的那些寓言和讽喻的时候，人们就不禁要将他们和那些以华丽的刺绣来装饰不值钱的布料的艺人相比。我赞赏工艺之美，但看不起它的材料。这些幸运的天才想令人得到娱乐，因为他们期望由此进行说教：他们的意愿是值得称许的；但是实际上他们仅仅成功了一半，他们只做到了取悦于人。

看来，作者也像他们一样，追求着有益于人类的荣誉，并且力图超越他们。为了达到这一点，他走了一条几乎全新的路，他需要新的方法。他没有任何先例可援。到哪儿去找范例呢？那里正是无人想到要去寻找范例的地方。

每个诗人都只满足于把自己的主题局限在有关某一民族的习俗、宗教或荣誉的某一历史情节或寓言故事的范围内；M*** 先生却给自己规定：除了全人类的真正利益之外，不知有别的东西①。最后，他需要的是这样一个主人公：他能够按纯朴的自然的和平法律来管理人民，他不像其他大多数主人公那样受谬论所赞扬，也不像他们那样，被阿谀奉承任意把最讲究的头衔加在头上。

迷信随时而且几乎处处地把怪诞或可笑的东西加到其畏惧之物或狂热崇拜之物上，但这首诗的各部分却完全避免了这种怪诞可笑的东西，那也是十分必要的。不要让诗的组织产生虚有其表的幼稚的魅力，而应让其展示出令人赞叹的宇宙结构。诗中主人公的保护力量应当是神的唯一真正属性的美妙的象征，而不是人格化了的离奇古怪的魔鬼；这些魔鬼在我们通常的诗歌中的作用是为了导致某个狂人的冒险事业的收场，或者为了把某个不幸者从困境中拯救出来。

不必多作比较，人们一读到这部著作便会感到所有这些差别。人们也会发现，作者像我们那些名作家一样，在画面和描写方面力求模仿优美的自然；如果有时他也描写一些相同的事物，他就尽可能避免从同样的角度或用同样的观点来处理这些东西。我请读者对新颖的场面、优美的构思和表达作出判断。现在让我们从手段

① M*** 先生：指《巴齐里阿达》的作者，即摩莱里本人。——译注

转向主要的目的吧。

这个目的就是:指出真正的主人公是由自然的教诲造就出来的人,并且根除一切使他对这位可爱的立法者的声音听而不闻的不幸的偏见。这部长诗的正题[①]正是从这个高尚的主题产生出来的,并且通过《浮岛之沉没》的寓意,指出大多数理性受蒙蔽的浅薄人物所应得的命运。

通常道德的根深蒂固的错误;这些错误漆黑一团、积聚成堆并难于打破

令人惊讶、甚至可说骇人听闻的是,我们的道德——几乎与所有民族相同的道德,正以公认的原则和行为准则的名义向我们发出那么多的谬论。这门科学,就其基本原理及其结论来说都应像数学本身那样简单明了,却被如此之多的模糊而复杂的观念以及总是以错误为前提的主张所歪曲,以致人的头脑几乎不可能摆脱这种混乱:它习惯于相信那些自己无力考察的东西。的确,有千百万被认为是肯定无疑的、人们不断据以推理的命题,无非都是一些偏见。我常常拿它们同古董家根据伪造的纪念章写出的学术著作相比。如果有人对这些博学者受到某个铸工的欺骗而感到惊讶的话,那么当一个哲人发现人们多少世纪以来屈从于那些不断扰乱他们安宁的谬误的时候,他也会同样感到惊讶。这种盲目性及其持续时间之长和难于治愈的根本原因是:真理是一种如此精致、准

① 《巴齐里阿达》(la Basiliade)在希腊文里意思是指一个真正有资格统治世界帝国的人的英雄行为。——译注

确和敏锐的尺度，以至于稍有失误就会发生偏差；开始时，这种偏差极其微小，几乎看不出来，随之便迅速增大；其发展的速度和递增的程度比任何一种可以计算的错误都要大得多。但它有这么一点令人讨厌的不同之处，那就是：人愈犯错误，愈不以为自己有错；如果他一旦认识到迷误，那时这个迷宫竟如此之大、如此迂回曲折，从而会使他害怕和不知所措，他也就不能或不敢去寻找走出这个迷宫的路径了。

近代，甚至当代，像培根、霍布斯、洛克、蒲泊[①]和孟德斯鸠等派人物都感到，道德是哲学中最不完善的部分，这是因为其观念繁杂，其原则变幻无常，其方法又无规可循所致；它的方法不能用以证明任何东西，而且每一步都会遇到其反面也同样能站得住脚的命题。

这些困难使一部分伟大人物却步，而使另一部分陷入了普遍的怀疑；只有其中某些人试图把这个整体分成若干部分，并且分别对其各个部分进行考察，但是他们不敢作出任何结论，这或者由于他们未能发现这个复杂结子的活头，或者因为他们只满足于给读者指出一条道路让他们自己猜测下去。

古今道德家的错误根源；为了认识和避免这些错误，他们本应做些什么

我力求发现错误链条的第一个环节，并显示使我们的道德家

① 亚历山大·蒲泊(Pope，Alexandre)(1688—1744 年)：英国诗人，讽刺诗《邓西亚特》(Dunciade)(1728 年)的作者。他在诗中嘲笑了清教徒的文学。1733 年，蒲泊发表了他的《人论》(Essay on man)，用诗的形式表达了他的哲学的乐观主义。——译注

和立法者越来越离开真理的这一最初的偏差点。请听一听他们都说些什么吧！他们会向你们提出下面这个重要命题作为他们体系的不容争议的原则和基础：人生来就是不道德的和凶恶的。某些人则说，不对，不过人现在所处的环境、他的气质本身，不可避免地促使他变得邪恶而已[①]。

所有的人都严格接受这一点，谁也没有想到有可能是另外一回事；因而谁也没有发现可以提出和解决下面这个极妙的问题：

找到这样的环境，人在其中几乎不可能腐化或作恶，或者最多只犯 minima de malis（最轻的罪）。

我们古代的教师们由于忽略了这个问题及其解决办法，也就觉察不到一切罪恶最初的唯一根源，看不见能使他们认识错误开端的明显的唯一媒介。我们现代的教师们在步他们的后尘，离最初的真理更远了，这一真理本来能使他们清楚地认识邪恶的本源、性质和彼此的联系，认识通常的道德要提供的救治药方之无效。我认为，他们借助这种认识，本来可以轻而易举地把这种教育上的道德分成若干部分，证明它的假设的虚假，它的戒律的无力，它的箴言的矛盾，它的手段是和要达到的目的背道而驰的；——一句话，本来可以详细证明这个怪异的整体的每部分的缺陷。

这种分析，像分解数学方程式一样，排除和消掉一切虚数和疑问，最后求出那个未知数，我是说，得出真正可以得到最明确证实的道德。

我用这种方法发现，我们的智者为了力求挽救堕落（他们错误

① 人们在散文和诗中曾就这个题目写过多少胡言乱语啊！

地认为这是人的地位注定的属性)，总是由这样的设想开始：这个堕落的原因是在它从来不存在的那个地方，他们恰恰把这种毒药当作良药去治疗他们认为是病因的病症。

这班饶舌家不断地互拾牙慧，谁也没有料想到：人类堕落的原因，正是他们最初的一篇说教。在他们看来，他们说教的内容那么纯洁，那么庄严，他们的法律、规则那么明智，那么值得尊重，以致人们不敢把这种极大的祸害归咎于他们；他们则宁愿把这种祸害推到自然的身上：这样一来，尽管人从自然界脱胎出来时都不带有任何形而上学观念或道德观念，而只具备接受这些观念的能力；尽管人在生存的初期与其说倾向于某种猛烈的激情，倒不如说对任何活动都十分淡漠，可是这样的人，却被我们大多数哲学家认为原来就存在大量的恶习，其中夹杂着若干天赋的美德和天赋的思想。人甚至在出生以前，就已经怀着有害的堕落的种子，促使他为谋求自己的利益，如果可能的话，甚至不惜损害整个人类和整个宇宙。

当我接触到这种似是而非的谬论时，我总可以有权指出：这些医生并没有寻求根除或抑制这种不良倾向的办法，以便让微弱的美德得以发扬(据他们说，美德之根并没有完全腐烂)；我还要指出，他们并没有鼓励这些有益的倾向，相反，他们所做的正是要把罪恶的种子撒进从来没有这样的种子的人的心中并使之开花结果；正是要扼杀他们以为在人的心中栽培起来的为数不多的美德。

利己心变质的原因

作为例子，让我们来看看你们当成七头蛇的利己心吧！的确，由于你们自己的告诫，这利己心已经变成七头蛇了。在自然界的秩序中，这种自爱是怎么一回事呢？那就是以简易而无害的方法来维护自己生存的持久的愿望，而这些方法是上天赋予我们的，并且只有极少数需要所引起的感觉刺激着我们去使用它。

然而，一旦你们的规章给这些方法加上许多几乎无法克服的困难而且甚至吓人的危险时，naturae bellum indicant，confligat oportet[①]，那么，看到和平的本性一变而为狂暴，同时变得能干出最可怕的极端行为，迫使你们为平息其冲动或补救所造成的损失而持续许多个世纪去进行工作，付出巨大的劳动却得到很小的收获，这又有什么奇怪呢？这种自爱不是变成你们徒然痛骂的一切罪恶，便是变成你们预备加以反对的那副伪善的假面具，当你们看到这种情况时，会不会感到惊讶呢？

人们的普通教育正是从你们可怜的道德中蒙上阴暗的色彩的；人们过去和现在都看到，这种道德说教从人的幼年时代起就把有害的因素带到他们的心中，而你们却错误地把这点归咎于自然。

因此，当一位父亲第一次用这类戒律来教育自己孩子的时候，也就是种上了不服、反抗和暴力精神的祸根。这种反抗是自然的恶习吗？当然不是；它是自然权利的完全合法的捍卫者。

如果这位纯朴而粗野的父亲在治家和维持家庭和睦的方法上产生错误，如果他为此目的而想在家庭中建立的秩序是有缺陷的话，那么，在开始的时候祸害是不会很大的。

你们这些人类的改造者，应当从这种治理缺陷的祸害中警觉起来，应当意识到祸害的原因，注意到它的影响，并且预见到它的

① 如果有人向自然的本能宣战，那他就得战斗。

危险后果；而你们却接受这些错误，促进它的发展，使它像民族一样增多，你们还把它作为管理民族的准则；你们难道是情有可原的吗？

大体说来，这就是《巴齐里阿达》里所要抨击的根深蒂固的错误。下面谨简述我想在本书中确立的真理。

从自然界脱胎出来的人的状态，
自然界为了培养社会性的人做了些什么

人既没有天赋的观念，也没有天赋的倾向。他在自己生命的第一刹那，处在完全无所谓的状态，甚至对于自身的存在也是如此。一种与动物的感觉毫无区别的盲目感觉是使这种无所谓状态中止的第一个动力。

我既不想详述最初使人摆脱这种漠然状态的事物，也不想详述事情是怎样进行的；我要说的是：人被自身的需求逐步唤醒，这种需求使他关心自我保全。他正是从所关心的最初事物中获得自己的初步的观念的。

自然界英明地使我们的需求和我们力量的增长相符合；再者，在为我们其余整个生活确定需求数额的时候，它使这些需求总是稍微超过我们能力的限度。我们来看看这种安排的缘由。

如果人在满足自己的需求方面并没有遇到任何阻碍，那么他在每一次获得满足以后，就会回复自己最初的无所谓状态，而只在感到新的需求刺激的时候，他才会重新摆脱这种状态；如果需求可以轻易得到满足，那他也就无须有超越动物本能的知识了。在这种情况下，人的社会性就不会多于动物。

但是，最高智慧的意图并不是这样；它想使人类成为一个聪慧的整体，这个整体凭借简单而奇妙的结构自行建立起来；它的各个部分准备就绪，可以说已为组成最美的结合体而雕琢好了。某些轻微的障碍与其说妨碍人们的这种趋向，倒不如说强烈地激发他们结合在一起：在彼此分开的时候，人们是无力、娇弱和敏感的，能使他们得到满足的物体由于一时尚远而引起的那种愿望和不安，必然会增加他们之间的这种道德引力。

从这些发条的张力会得出什么呢？两种惊人的效果，即：(1)对一切减轻或有助于我们克服软弱的事物产生善意的感情；(2)理性得到发展，这种理性是自然为了帮助软弱而和软弱联在一起的。

从这两个丰富的源泉还会引出：社会性的精神和主旨、共同的技巧和一致的预见性，总之，是一切直接或间接与共同幸福有关的观念和知识。因此我们可以同意塞涅卡[①]的话："Quidquid nos meliores beatosque facturum est, nutura in aperto aut in proximo posuit."[②]

自然界正是抱着这种目的把全人类的力量按不同比例分给每个人。但是，自然界却让每个人拥有出产其赠品的土地，它使所有的人和每个人都利用它的慷慨赠与。世界是一张大饭桌，配备足够全体进餐者需要的一切，桌上的菜肴，有时属于一切

① 塞涅卡(Lucius Annaeus Seneca，法文作 Sénéque，生于公元前 4 年，死于公元 65 年)，罗马斯多葛派哲学家、政治家和作家。——译注

② "自然界已把一切会使我们更美好和更幸福的事物都摆在我们的眼前，安排在我们的身边了。"

人,因为大家都饥饿,有时只属于某几个人,因为其余的人已经吃饱了。因而,任何人都不是世界的绝对主宰者,谁也没有权利要求这样做。

自然界正是借这个稳固的基础来支持那些本来就是易变的和运动的事物;它还注意调整这些事物的运动并使之相互配合。

详细说明社会性的真正基础

我还要考察一下这部奇妙机器的主要发条的原理、次序和相互配合的情况。

(1) 祖传土地的共有及其产品的共同使用。

(2) 这些产品丰富而多样化,超过我们的需要,但是不付出劳动就不能获得。这就是为我们保全自己而作的准备,是我们生存的支柱。

让我们再来看看,自然界为了使人们同心同德和睦一致曾做了些什么,它是怎样预防由于野心而可能在某些特殊情况下发生的冲突的。

(1) 自然界通过人们感觉和需要的共同性,使他们了解自己地位和权利的平等,了解共同劳动的必要性。

(2) 由于这些需要每时每刻多种多样,这就不会使我们所有人在同一时刻感到同样的需要;自然界提醒我们有时要放弃这些权利以让给他人,并促使我们要毫不勉强地做到这一点。

(3) 有时,自然界以足够数量的、能满足每个人需要的物品来预防我们之间的愿望、趣味、爱好的对立和竞争,或者它使这些愿望和爱好多样化,以便防止人们同时向往某种独一无二的东西,

trahit sua quemque voluptas[①]。

(4) 按我们一生中的不同年龄或不同的器官构造而形成的力量、技能和才干的多样化,自然界给我们指出各种不同的工作。

(5) 当我们孤立无援的时候,我们的需要总是稍微大于我们的力量,要满足这些需要,就得经受困顿和劳累;自然界希望,这种困顿和劳累能使我们懂得必须依靠援助,并启发我们热爱协助我们的一切。由此,我们厌恶自弃和孤独,我们喜欢强大的联合体——社会——带来的快乐和好处。

最后,为了鼓励和维持人们之间的相互援助和相互感激,为了向人们指出给他们规定这些义务的时刻,自然界考虑得十分细致周详:它让人们依次经受焦急或平静、疲倦或休息、体力的衰弱或增强。

在社会这部奇妙的**自动机**中,它的齿轮、平衡锤、发条、效力,一切都经过准确调节,经过衡量,一切都已预先规定。如果人们从中看到力量的对抗,那不过是无震动的摇摆,或是没有暴力的均势罢了;其中一切都被带动,一切都被引向唯一的共同的目标。

总之,这部机器虽然由各个理性部分构成,但它在某些特定情况下,一般都不依它们的理性进行工作;不许这位指导者(指理性。——译者注)发表议论,它的议论只会使得它成为感觉到的东西的旁观者。所以,就可以和西塞罗[②]一起说:Natura ingenuit,

---

① 各从其好。

② 西塞罗(Marcous T. Cicero,公元前106—前43年),罗马演说家、政治家和作家。——译注

sine doctrina, notitias parvas maximarum rerum, virtutem ipsam inchoavit[①]。

道德和政治应当根据什么原则建立自己的规则和制度

道德和政治应当 ad ea principia quœ accepimus consequentia exquirere[②]。

道德和政治正应当根据这种最好的安排通过人工来尽力协助自然界，也应该按照自然界的活动来调节人工。道德和政治正应当根据人类力量的分配情况来调节每个成员的义务和权利，并给他们分配职位；正是在这方面需要使用天平和砝码，实行 cuique suun[③] 的原则。管理人们的心灵和行动的科学正应当根据整体的各个部分的比例关系来确立维持和促进社会团结的真正手段，以及恢复社会和睦的真正手段（如果有什么东西损害或破坏了社会和睦的话）。应当根据每个公民的工作热情、能力和服务功效的程度来安排那种被称为和声的音调的东西，我说的是地位、尊严和荣誉。这样，为了鼓励有利于公共福利的一切高尚的劳作，可以赋予这种劳作以光荣的标志而不冒任何风险；现在，这种标志是用来装饰空虚的幻影——妒忌心的琐屑的对象的。这种恶习十分可耻，只损害那些会有益于我们的东西；妒忌只有在虚荣心已把功绩

① 自然界不假思索就把最伟大真理的初步知识传给我们，并为我们播下了善行的种子。

② “从我们所接受的原则中去寻求结果。”

③ “人各有份。”

之名利攫为己有的地方才存在和可能存在。总之，倘若规定，人们的名望和值得尊敬的程度只与他们的善良相应，那么，他们之间就只会存在彼此为对方谋幸福的竞赛了。那时，游手好闲、无所事事就会成为唯一的恶习、唯一的罪行和唯一的耻辱；那时，人们所奢望的就不会是想奴役和压迫别人，而是想在技能、劳动和勤勉等方面超过他人；尊敬、赞扬、荣誉、光荣就会是感激或共同喜悦的情感的经常性表现，而不是施予者的卑贱或恐惧的可耻贡品，也不是要求者或接受者的被称之为发财、高升的那种东西的虚幻而骄傲的支柱。

我所知道的宇宙中的唯一恶习就是贪欲；所有其他恶习，不管怎么称呼它们，都只不过是这种恶习的变种和不同表现而已：这是一切恶习的海神、财神，是它们的基础和媒介。请分析一下虚荣、自负、骄傲、野心、狡猾、伪善、邪恶；同样，请把我们的大多数假道德来一个分解，最终，你到处都会得到这个不可捉摸的、有害的因素——贪欲：甚至在无私的当中你也会再次发现它。

但是，个人利益这种普遍的瘟疫，这种慢性热症，这种一切社会的痨病，难道它能在从来找不到养料、甚至找不到任何一点危险的诱因的地方流行开来吗？

我想不会有人对这个明显的命题提出异议：在没有任何私有财产的地方，就不会有任何因私产而引起的恶果。

自然正直之观念；怎样才能防止其变质

自然正直是宇宙总秩序中一种无限英明的安排的结果。由于这种安排，任何人都不能出于偶然的原因而去妨害他人的活动或生存；我认为，这种正直在人的身上是始终如一的，它对一切违反自然的行动有着不可抑制的厌恶，它是由感情支配并为精神和心灵所赞许和喜爱的法律。一个人既摆脱了贫困的恐惧，他就不会遇到削弱或破坏有理性的生物的这种和平状态的持续障碍，他只有一个希望的目标、只有一个行为的动机，那就是**公共福利**，因为他个人的福利是公共福利的必然结果。因此，我再重说一遍：所谓正直，是持久不变的；它具有我们在日常交往中所称道的一切装饰，我说的是殷勤、和蔼；一言以蔽之，就是举止和习俗的文明。

谁会不懂得这种道德能够得到不仅最清楚而且最简单、最为人人所接受的证明呢？从这种道德中吸取自己的戒条的教育，至少像普通教育给千百种可笑的偏见以力量和威望一样，能使十分明显而令人普遍感兴趣的真理取得支配一切心灵的权力和影响，这一点有谁能怀疑呢？我们的教育预防一切恶习，会使人们不知道他们能够变成坏人。

但是，在更详细地考察有理性的人的自然正直为什么竟如此奇怪地被歪曲之前，让我们从道德家们的反对意见中找出新的证据，以证明按我们原则安排的那种教育的训诫的成效。

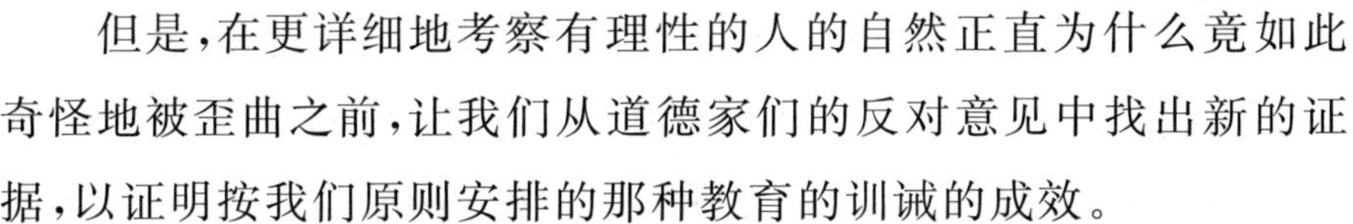

反对意见

他们说，即使同意你们的意见，认为政治和道德实在不足以医治我们的痼疾，那么支持如下的主张是否就不正确呢：政治和道德的软弱无力与其说是来源于它们自身的根基，倒不如说来自那些生来就有作恶倾向的人的不良意志，这种作恶倾向必须用暴力加以抑制？

比方说，请看一下两个孩子的情况吧：当他们刚开始识别东西的时候，你就会发现他们有一种争执、争夺、反叛、急躁和执拗的精神：一个孩子虽已得到他吵着向你要的东西，但他还想得到你刚刚给了另一个孩子的东西；我们经常看到这些弱小的“自动机”在愤怒地、狂乱地相互争夺着一个微不足道的玩意儿。这是他们未来的凶残和纷争的不良预兆啊！

回　答

我的回答是：第一，这种年龄的儿童所具有的本能并不比某些为人所驯养的动物的本能更细腻；他们也同这些动物一样，只有刹那间的发怒，只存在短暂的争执的原因，这些都是由于突然强烈地感觉到某种需要或某种忧虑而引起的，这种感觉偶尔使他们为获得同一个东西而争夺。但是同类幼小动物之间所产生的这类短暂的争执和争吵，一般地说对他们产生的影响是非常小的；因此，如果人的能力也像这些动物一样十分有限，那么，他也就会像动物一样，既没有仇恨和忌妒，也没有惯常的欲念，更没有能经常促使他去行凶的那种明确而固执的意愿了；因此，他也就不比幼小动物更需要道德和法律，而从道德上来说，他对待同类也就不会比动物更凶恶，更坏。

什么样的教育可以防止一切恶习

第二，我要补充的是，既然在人身上理性在代替一种盲目的感情，人就可以成为一切动物中最温顺、最随和的动物；实际上，人本来是会变成这样的动物的，如果首先让这种无知的感情只是机械地用于使人养成温和的习惯，然后让理性来使这些温和的习惯完善起来的话。不管我们的哲学家们怎么说，理性的使命根本不在于压制我们的强烈欲念或预防混乱的现象；如果把人造就好了，就是说，如果通过符合我们的原则的那种教育机构来教育人，这种混乱现象是从来不会存在的。那时，人除了需要为认识或享受合理建立起来的社会的好处而运用自己的智力以外，就不再需要任何其他东西了。一个从少年时代开始就习惯于服从这个社会的法律的人，永远不会想去违犯这些法律的。他不必担心得不到援助，也不必担心缺乏必需或有用的物品，没有任何担心会在他的心中激起奢望。如果一切私有制观念都被长辈们慎重地排除，如果一切使用公共财产的竞争都被防止或被消除，难道人还可能想到以暴力或诡计劫掠那些从未有人同他争夺的东西吗？

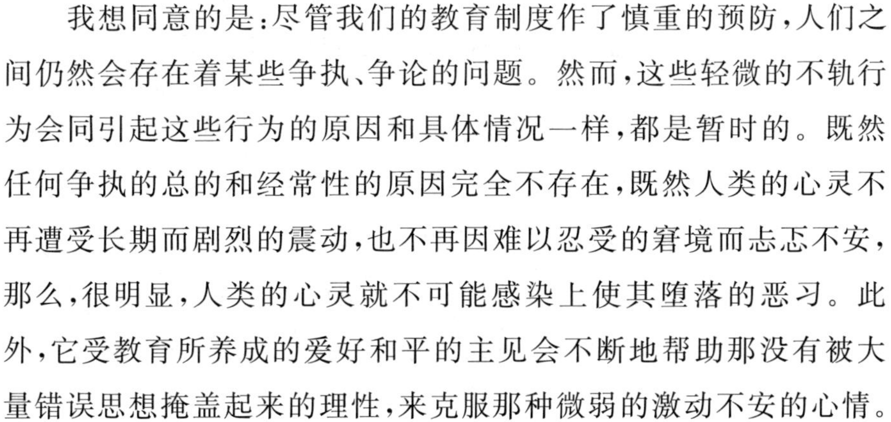

我想同意的是：尽管我们的教育制度作了慎重的预防，人们之间仍然会存在着某些争执、争论的问题。然而，这些轻微的不轨行为会同引起这些行为的原因和具体情况一样，都是暂时的。既然任何争执的总的和经常性的原因完全不存在，既然人类的心灵不再遭受长期而剧烈的震动，也不再因难以忍受的窘境而忐忑不安，那么，很明显，人类的心灵就不可能感染上使其堕落的恶习。此外，它受教育所养成的爱好和平的主见会不断地帮助那没有被大量错误思想掩盖起来的理性，来克服那种微弱的激动不安的心情。

什么样的教育使得道德的错误永远存在下去

我刚刚向我们的对手所作的让步，向我提供了对付他们的新武器。既然在人类目前的状况下不可能找到完全有效的手段来预防社会中的任何混乱，那么，由下述那种代代相传的教育培养出来的戒律、榜样和偏见中，还有什么有害影响不会产生呢？这种教育依据那充满被奉为永恒真理的严重错误的道德，从人的幼年时代起就给人制造恐惧，专把人刚刚出现的理性引向令人悲痛的思虑。在这种情况下，看到这种理性变成恶毒言行的最危险的工具之一，这又有什么奇怪呢？理性的步入歧途正是由此开始的。

实际上，这种教育除了使智慧和心灵经受违背自然而且经常自相矛盾的人为道德的桎梏而外，还能给智慧与心灵以什么帮助呢？因为事情不幸地按照这种道德的劝告作了安排，或者毋宁说被弄得一片混乱，以致在无数的情况下，疯狂的欲念竟不可避免地从道德指定来用以对抗和抑制欲念的手段中产生出来。

大多数立法者破坏了社会性的联系，引起或保持了这种破裂的可悲后果

现在，我们试图通过实验来证实我们方才以推论确立的那些真理；人类的大多数都记得采用法律已有六七千年了；而几千年来这些重要而宝贵的真理却遭到那些参与给人类立法的人的反对。

我们应当指出，我们由于愚蠢而仰慕的这些所谓圣贤，剥夺了半数人的自然福利，取消了自然的英明安排，并给一切罪恶打开了大门①。

这些领路人也像他们想领着走的人一样盲目；他们窒息了一

① 请人们暂时不要在这里提出为立法者们辩护而可能向我提出的异议，说他们既没有改变任何东西，也没有败坏任何东西。我随后就要证明，他们好几个人都可以受到指责，在改革方面，没有改进什么，反而败坏一切。

切必然会把人类的力量联合起来的友爱的动机。他们把整体的共同远见和一切相互援助变成了这个巨大机体的四分五裂的成员之间共有的怯懦的担忧:他们通过千百次的对这些分裂的、混乱的成员作相反的煽动,燃起了狂热的贪婪之火,激发了饥饿和贪得无厌的欲望。他们糊涂的立法使人经常遇到缺乏一切的危险;为了排除这些危险,欲念冲动到狂热的地步,这有什么可以奇怪呢?除了使这种动物相互吞噬外,他们难道还能有更高明之举吗?因此,这些经验论者为了预防这一不可避免的灾难,该要作出何等的努力啊!

平静的溪流由于受到轻率建成的堤坝的拦截而暴涨,溪水溢出了堤外,变成了汹涌澎湃的大海,不得不利用规章和告诫来堵塞堤上经常存在的漏洞。

拙劣的机器匠弄断了这些链带和发条,而破坏它们就会引起整个人类的解体。他们力图利用绕得奇形怪状的韧带和临时应付而加上去的平衡锤来阻止人类的毁灭。他们的劳动能得出些什么结果呢?是卷帙浩繁的道德和政治的论著,quorum tituli remedia habent,pixides venena[①]。因此,其中许多著作可题名为:**在最漂亮的借口下利用正直和道德的最美的戒律使人们变得凶狠和邪恶的艺术**;另外一些著作则可贴上这样的标签:**通过那些最能使人们变得凶恶和野蛮的规章和法律来统治人们的方法**。

① “其标签标的是良药,而其箱子里装的是毒剂。”(拉克坦斯)

拉克坦斯(Lactance):基督教辩护者,约于公元250年生于非洲;他先后在非洲和尼哥米底亚(Nicomédie)教过修辞学。他也是《神的制度》的作者。圣·杰罗姆(Saint Jérôme)称他为“基督教的西塞罗”。——译注

为什么自然法变成行不通

正是由于我们第一批道德大师的这些错误,《巴齐里阿达》的道德,在《Bibiothèque imparrtiale》[①]和《Nouvelle Bigarrure》[②]的博学作者们看来,才显得绝对行不通。在行不通这点上,我同意这些博学作者以及所有会对这种道德提出异议的人的意见[③]。但是,像这首诗的主人公那样出色的立法者,尽管他在自己的领地上具有彼得·阿列克谢耶维奇[④]般的力量和权威,竟也无人听从,那是当代才会出现的事,可见我们根深蒂固的荒谬偏见实在太顽固了。此外,由于我断定通常的道德是在自然法的废墟上建立起来的,所以,为了恢复自然法,就必须完全推翻通常的道德。此外,我想这些批评家一研究这首诗就会懂得,作者的目的(正如他在注解中所说的那样)[⑤]是要人们知道:为什么通常的道德和政治与他所思考的真理那样对立;并且还要指出,如果最初的立法者遵循了这些真理,那么这些真理是完全行得通的。我敢于在这里断言,如果这种幸福已经来临,我们现在就会把一切其他治理制度看成是绝对不可能的事,也许我们甚至连对这个制度的概念都不会有了。

① 《公正文库》,1753年11月,第8卷,第3部分,第401—415页。

② 《新杂谈》,1753年11月,第9卷,第145—150页。

③ 在此处和第二篇的开头,摩莱里不再隐瞒自己是《巴齐里阿达》的作者,与这一著作的批评家们论战。——译注

④ 系指俄国皇帝彼得大帝(1672—1725年)。——译注

⑤ 《巴齐里阿达》第三首。

第二篇

政治的特别缺点

我们的原则的实验证明

《公正文库》的作者对上面提到的《巴齐里阿达》第三首的附注①提出了反对意见，这使我得以借此机会在这里详述一切道德和一切法律的真正本原的新证据，并有分析地论证败坏原始自然法之精华的谬误的起源和发展。

下面就是这位学者对我们的诗人的假说所提出的反驳："人们相当清楚，关于这种秩序的最漂亮的空论同实行这种秩序的

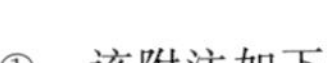

① 该附注如下：

"此处和本诗其他各处叙述泽因吉敏在其人民中间所建立的制度，令人比较充分地了解到，这种制度的总体系与我们下面作为简短例子举出的体系几乎是一样的。

"有上千名各行各业的人，或者随便有多少人都可以，居住在一块足以养活他们的土地上。他们彼此约定，一切东西都属公有。为了使这个大家庭毫不混乱，并使每个人都既无反感、又不厌烦、也不劳累地为创造所需物品作出自己的贡献，他们这样商定：

"全体共同耕种，共同收获谷物和果实，并把它们集中到同一仓库中去。在这些劳动的间歇期间，每个人从事本行工作。有足够数量的工人去加工和精制农产品，或制造各种家具和器皿。工人由公家供给生产工具、材料和衣食，他们只关心所应提供产品的数量，使任何人不缺少任何东西；这些产品也同样在工人中间进行分配。艺术品也跟其他产品一样，都存放到公共仓库，或由专人将其分给需要此种物品的人……。"（《巴齐里阿达》，第1卷，第108页。）

人们会注意到，这个组织与傅立叶的"法郎斯泰尔"（共同生活团体）相类似。

可能性之间存在着多么大的距离。这是因为在理论上拿假想的人为对象，他们顺从地接受各种安排，并以同等的热情支持立法者的看法。然而，一旦人们想要实现什么事情的时候，就得使用实在的人，亦即使用不顺从、懒惰或受某种强烈欲念驱遣的人。平等方案尤其是一个显得最违反人的个性的方案：人生来不是役人就是被役于人的；中间状态对他们说来是难于忍受的。”

这种异议出自我们的所有道德家之口；这是其中一条谁也不敢和他们争论的原理。人人都像我所提到的那位不偏不倚的作者一样说：最好的道德理论与实践之间存在距离的原因，在于这种理论用的是假想的人（实际并非如此），而这种人十分恭顺地服从立法者们确立的制度。

我的回答是：这正是企图管教各民族的那些人之中的大多数所做过的事：他们或者以为，人按其本性就像他们在制定方案时所认为的那样，或者以为人应该成为与我的证明完全不一样的人：他们根据这种理论建立自己的体系；到了实践，便发现人们并不愿意听从他们的安排。为了迫使人们服从，他们不得不制定强硬而残暴的法律，而自然本性则不断反抗这些法律，因为他们打乱了自然的秩序，或者不让恢复这种秩序，这些是不足为奇的。

我们的批评家所说的“一旦人们想要实现什么事情的时候，就得使用实在的人”这句话是模棱两可的。他所指的是由自然培养出来的那种人呢？还是指在服从法律的民族中自若干世纪以来就已经存在并且还要继续存在的那种人呢？

能够接受英明政府法治的野蛮民族的自然状态[①]

如果你们想看到处于自然状态的人，那就让我们到美洲去吧。我们在那里将会找到若干部族，其成员都十分虔诚地（至少在他们中间）遵守着人类的共同母亲——自然的宝贵法律，我在此要竭尽全力为这些法律辩解。

让我们带上某位真正英明的立法者一同去吧。他按照这些已实行过的神圣法律中的各条规定去工作；他不去违背或削弱这些规定，反而专门致力于扩大其效果，并从其丰富的内涵中抽出一切行为的准则。这些准则会令他所要教化的野蛮民族变成世界上最温和、最人道、最聪明和最幸福的民族。

这位立法者到达目的地时便看到这个小小社会的各家均以打猎和捕鱼来满足他们的共同需要。当他提出有益的建议能像[②]这

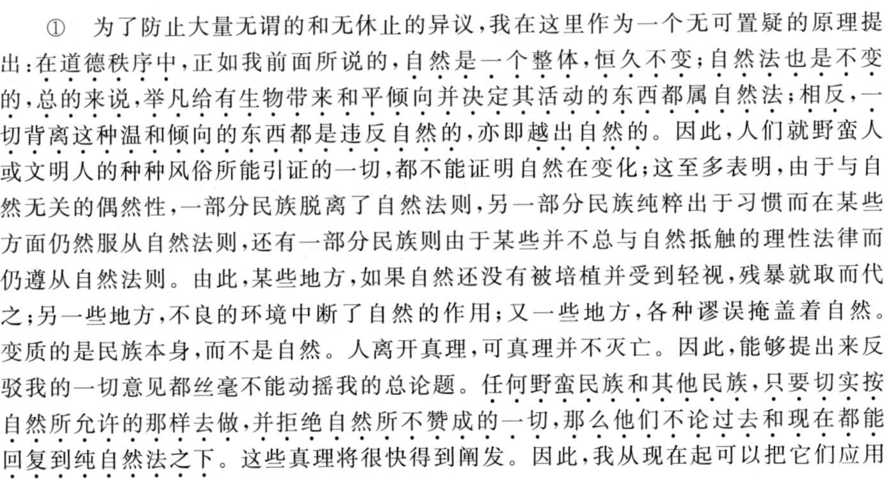

① 为了防止大量无谓的和无休止的异议，我在这里作为一个无可置疑的原理提出：在道德秩序中，正如我前面所说的，自然是一个整体，恒久不变；自然法也是不变的，总的来说，举凡给有生物带来和平倾向并决定其活动的东西都属自然法；相反，一切背离这种温和倾向的东西都是违反自然的，亦即越出自然的。因此，人们就野蛮人或文明人的种种风俗所能引证的一切，都不能证明自然在变化；这至多表明，由于与自然无关的偶然性，一部分民族脱离了自然法则，另一部分民族纯粹出于习惯而在某些方面仍然服从自然法则，还有一部分民族则由于某些并不总与自然抵触的理性法律而仍遵从自然法则。由此，某些地方，如果自然还没有被培植并受到轻视，残暴就取而代之；另一些地方，不良的环境中断了自然的作用；又一些地方，各种谬误掩盖着自然。变质的是民族本身，而不是自然。人离开真理，可真理并不灭亡。因此，能够提出来反驳我的一切意见都丝毫不能动摇我的总论题。任何野蛮民族和其他民族，只要切实按自然所允许的那样去做，并拒绝自然所不赞成的一切，那么他们不论过去和现在都能回复到纯自然法之下。这些真理将很快得到阐发。因此，我从现在起可以把它们应用到任何我所愿意的特定事例中去。

② 本书原版本作“同”。——法文本注

个民族的长者和最有经验的人那样被听从的时候，他特别注意不利用所取得的信任去说服他们把打猎和捕鱼场地分给各家，以免破坏他们的和谐关系。这位英明的立法者只告诉他们，除了这些他们可能经常感到不足的生存手段之外，还有更可靠、更不费力的办法，比如种地和养畜。他向他们指出，这既是新的资源，也是新的财富，可以互相弥补不足；他还要教他们实行这些计划所必需的技术。

这个民族由于他的关照已不那么粗野而更为灵巧了，是不是因而会变坏和变得不那么勤劳呢？当然不会。各家之间仍旧会充满着这位改革家已经见到的那种和睦和团结气氛；他们对长者和最聪明最灵巧的人的尊敬，随着团结一致的成就和对新方法的实用性的认识而增长。这些印第安人听从最明智的忠告所表现的那种恭敬会超过我们服从专制老爷的命令的程度。在我们殖民地附近居住的野蛮人那里，仍然这样看待荣誉：即只按有益于同胞的程度来衡量自己的高低；一句话，在这些地方，人们只以自己的服务来博得他人的尊敬①。这些真正的美德远不会因新立法者的措施而削弱，反而会受到这些措施的鼓励，并且随着野蛮状态在立法者法治下消失而放出新的光彩。只要立法者不建立任何瓜分自然产品和人工产品的制度，他就不会碰到不服从他安排的人，而是人人

① 有一个可靠的人最近从美洲回来，他向我叙述了这些民族无论对自己人还是对我们这些人表现出的某些令人赞叹的人道主义特点。这方面的例子很多，他们很可以把我们称为野蛮人。同一个人还对我说，这些民族虽然是我们的朋友，但是他们蔑视我们离奇古怪的风俗习惯；我们的土地越向前推进，他们就离开我们越远。他们是有道理的；但是，有哪种天真无邪不受坏榜样腐蚀呢？

都会欢迎他的调动，一切场合都将有利于他执行计划：他可以向社会成员分配工作和职业，规定各种普通工作或特殊工作的时间，组织救助，计算各种职业的不同收益，指出每种职业需向共和国提供什么物品来满足全体成员的需要。立法者将根据所有这些情况和人员数目来确定各种工作的比例。他将委派最英明的长者去维持秩序和管理经济，叫最身强力壮的人去实际执行。最后，他还要规定每个人的等级。他做这一工作时，所依据的不是虚构的尊严，而是行善事的人在受惠者中间享有的自然的威望，是亲属关系、友谊、经验、机敏、技巧和积极性的温和的影响力。

一切事情既已如此安排，有谁会想到要在一个不存在那种能够激起奴役他人欲望的私有制的社会里实行统治呢？在这种社会里不可能有暴君，因为执政者恰恰承担着最繁重的义务和工作，他除了与其他公民共享的以外，不独享其他生活用品或娱乐品，除了得到自己的同侪的尊敬和爱戴外，别无其他利益和奖赏。

如果说在这个共和国中存在着某种奢望，这一奢望也只能以赢得这种尊敬为目的，它所追求的只能是真正有益于其他人的卓越的功绩；其他人并不因而对此产生忌妒，反之，如果他们得不到自己所钦佩和尊敬的几个有才华的同胞的帮助，他们还会感到不幸。

我再重复一遍，这种奢望不会有、也不可能有我们那种奢望所追求的目标；实际上，我们的奢望所追求的只是贪婪的目的，只是追求的手段有所不同而已。

我们的立法者正像人们实际见到的那样，也在野蛮人那里发现人们十分勤劳并能胜任最艰苦的劳作，而懒惰在那里则是一种可耻的行为；他们生活在善意和柔情之中，这种善意和柔情远远超过我们当中那些最游手好闲和最残酷无情的人所鼓吹而却不大实行的道德。如果上述这一切都符合事实，那么我就要问：据此实例，难道真的可以说这些民族生来就倾向于像我们的阿里斯达克斯[①]所列举的恶习吗？难道发扬这些美洲人[②]的可贵素质要比使那里某个民族养成服从严酷法律的习惯还困难？这种法律早晚要迫使民族中的一部分人忍受卑微的处境和屈辱性的贫贱以获得生活的必需，并不得不为本民族的另一部分人服务，而这后一部分人由于占有最好的渔猎场所和耕地而变得游手好闲和高傲自大。这些平民会用什么眼光去看他们同胞中的某些人在令人憎恶的清闲中坐享他们最美最好的劳动果实，而只偶尔把自己的剩余之物留给他人使用呢？

通行的政治观念以及对其准则的简短批驳

然而，让我们听一听我们的哲学家在这个问题上是如何争辩的吧。他们说，在任何社会里，要把世界的物质财产平均分配和维持这种分配，这从道德上来说是不可能的，所以，有富人和穷人之分，是绝对必要的。但是，当这种财产上的不平等一旦被明智的法律所调节和弥补，就会由此产生出极其美妙的和谐。恐惧感和希

① 阿里斯达克斯（Aristarchus，约公元前 217—前 145 年），希腊语言学家，由于注释希腊作家（尤其是荷马的）作品而闻名。——译者

② 我所说的这些人都是心灵手巧和通情达理的人，他们在成功地仿效着他们看到我们所做的一切有益事情。他们尽可能避免采用的，只是我们的法规；他们憎恶我们财产和地位的不平等，尤其憎恶我们的贪婪。这都是上面已提到的那个人向我证实的。

望感几乎同样地占据着每个人的心灵，并几乎同样地使他们变得灵巧和勤快。富人注意保管财产，这些财产随时可能从他们手中跑掉；实际上，他们只是财产的保管者和守卫人；这些强烈的感情刺激和鼓励穷人去劳动，劳动可以使他们摆脱苦难。这两种动力除了产生几乎无数的种种良好效果以外，还能促使一部分收益最少的人听命和服从于他人，无论个人利益还是社会利益都要求他们这样做。社会赖以维持的这两个基础使得那些其需要似乎同财富一起增加的人必须依靠他人的帮助；由于这种帮助，他们变得温和而善良。由此可见，人类的两个不平等部分由于各自的地位而处于相互依存的状态，这种依存关系又使他们趋于平等和协作。我们不深谈这个作为通行道德之基础的推理了，按此道德人们已熟悉这一推理的结果。我用一句话就可以推翻这个基础：它是建立在所谓必须瓜分那些根本不该瓜分的东西这一谬论之上的。既然自然界已提供了许多其他如此简单和奇妙的办法，难道还需要靠财富不均这样有害的下策去求得人们的相互依存和互助关系吗？

通行的政治准则多么违反情理

让我们看一看我们欧洲一位学者给上述某个美洲民族所作的演说受到怎样的对待吧！这位有学问的人说："我的朋友们，我赞扬和钦佩你们在互助方面表现的仁爱精神，以及你们为满足共同需要而共同劳动的不倦热情。但是，请你们相信我，你们拥有无人与你们争夺的广阔原野，请你们去开垦这些荒野吧！它的土地会成为肥沃的良田。然后，请你们分配这些田地，但要遵守一个条件，那就是不得平均分配，甚至也不得人人有份儿；因为这样一来，每个人都要在自己的田里劳动，靠从自己田里获得的产品生活，那就没有人再想帮助自己的邻居了。再说，承继、联姻和户数增加也很快会引起重新分配，从而打破最初的平等。因此，在进行土地分配时，必须遵守一定的比例。少数公民要比其他公民多得一些，这些人将是共和国的第一等级，成为这些财产的保管人。你们从他们中间推选出你们的领袖和你们要听从其忠告的人。你们的纠纷将由他们裁决，而为了报答他们的这些服务，让他们比别人生活得舒适一些也是合适的。其余的人将被分成若干等级，其财产依次递减。最后一个等级由只靠自己的劳动为生的人和各行各业的手艺人组成，其他公民以按日付酬的方式雇用他们从事一切繁重的劳动。因此，这些人将成为社会的体力劳动者。”

我们的现代梭伦[①]为了增加其演说的说服力，并没有忘记梅涅尼乌斯的寓言[②]；这类故事对于头脑简单的人很有影响力。然后，他又对现在和将来如何维持这种秩序的手段作了长时间的叙述。在论述了所有这些问题之后，我们这位政纲的制造者便为此美妙发明而自鸣得意起来。

一位年老的野蛮人回答他说：“你这个人简直失去了理智。你向我们提供的真是些好主意！你说你赞赏我们这里的同心协力，

① 梭伦（Solon，约公元前640—前558年），古代雅典的政治活动家和诗人。在公元前594年进行了重大改革，废除了阿提喀农民的债务，并禁止终身奴隶制。——译注

② 系指人体四肢向胃造反的寓言，它是道德家们向我们吹嘘的出奇谬论的令人难忘的例子。（据传说，梅涅尼乌斯·阿格里帕正是借助于这个寓言成功地说服了造贵族的反的庶民返回罗马。）——译注

而你却竭力向我们灌输所有破坏这种同心协力关系的东西。你认为我们的生活方式过于粗野和艰苦,你建议我们种地,以更好地保证我们生活富裕。这个意见很好。但是你那分配土地的建议却损害了你的这个忠告。你想让我们领略秩序井然的社会的好处,而你却向我们提供使我们永远不会和睦相处的真正手段。你想叫我们当中的一部分人维持和平和同心协力的关系,可是你却在设法破坏它。这样一来,我们的长者和做父亲的就要把自己的一切心思和智慧用来解决争吵。我们的一部分兄弟和朋友连同他们的后代一起,将不得不过着不幸的生活,无可奈何地看着一些蛮横无理的懒汉坐享他们的劳动果实。你对我们说,有一族人曾经离开这类懒汉,后来听信与你所说的几乎相似的话而又回来了。你这番话是胡说八道,跟那个安抚不满者的人所用的比喻如出一辙。我们身体的四肢确实有所分工,每一部分都发挥自己特有的功能,但是全部共同享受着维持生命的营养。作为你所说的那个民族领袖的胃,它可并没有把四肢供给它的任何东西据为己有;它没有使四肢饿得筋疲力竭;恰恰相反,它向四肢分配营养物,而它自己只是贮存这些营养物的公共仓库而已。这就是善良的人们要对那位愚蠢的饶舌家,即你向我们转述其寓言的那个作者所作的回答。可是,如果我们听了你的话,那会出现什么情况呢?一个今天比别人生活得富裕的人,不久就会由另一个竭力取代他的地位的人把他排挤出去,而后者本人或他的子女也有可能沦落到死于贫困的地步。

“我们进行战争,扯掉敌人的头发,烧死他们,吃掉他们。这些敌人是不同我们住在一起的、与我们争夺渔猎场所的家族。而你

想做的是使我们自己的家庭也互相屠杀。”

“要是我们赦免几个俘虏，要是我们收容他们来补充我们的死者，我们绝不许他们参加我们的工作，我们只是养活他们，就像养活我们的妻子儿女一样，什么事也不让他们做。而你却想让我们民族的一部分屈从于那种可耻的奴役，并要我们勇敢勤劳的猎手任他们来摆布。去你的吧，你一定丧失了理智。”

我预料会有反对意见，会不同意我方才所作的关于我们通行的政治的有害制度与明智的规则之间的比较。后者不过是对自然法的准确运用，只是仿效自然界为使人真正具有社会性所做的一切。

对在尚未接受法律的民族中建立我们的制度的可能性提出异议

有人会对我说，如果你在某些国家里发现确实愿意服从这些法律的人，即发现你希望把他们作为你的共和国的公民的那些人，我们也要你和我们一样地把他们看成是不符合一般规则的例外，这并不能使你得出结论说：自然界同样把这种人安排到了世界各地。

我们还要说：

第一，还不能完全肯定这些顺从的民族生来就具有你在他们身上看到的那些品质。因为正如《论法的精神》的作者[①]所十分明智地观察到的那样，由于气候酷烈，美洲北部的居民具有强悍的体

① 孟德斯鸠(1689—1755年)，法国著名的启蒙思想家和法学家。——译注

质，这种体质加上他们所住地区的贫瘠，促使他们勤劳好动。

第二，由于要满足迫切的需要，几个家庭很容易结合起来，它们分别形成数个小小的部族。

第三，即使我们同意你的看法，认为你的制度在这些居民当中是可行的，这也只是由于某些条件在其他地方根本不具备的缘故。比如在气候炎热的国家，根据我们的旅行家报道，那里的居民无忧无虑，非常懒惰；迁居那里的移民的勇敢和力量也失去作用而且减弱下来；在那里，每一个人好像只是为了自己而生活，并不关心他人。在大多数最不凶猛的非洲野蛮人当中，你的说教不会有什么人听从。

第四，尽管你那样说，但是经验表明，在世界各地，一般说来人们都有喜爱清闲和安宁的禀性，他们总是力图靠损害他人来达到这一点；这种习性的强弱程度虽然各处有所不同，但都使人对最合理的建议几乎充耳不闻。

最后，不管你的制度表面看来怎样合乎真理，但它基本上是站不住脚的，因为任何文明民族从未服从过像你的政治所定的那样的基本法制。

从所有这些意见中，该可以得出结论说：为了使人们彼此接近，并使他们相互援助，就必须具备比你主张使用的手段更为强有力的手段。尽管你的办法在某些情况下足以应付，但它并非在任何地方和任何时间都有足够的力量的。

回答;或以自然为基础的法律在不带我们的偏见的民族中可能获得成功的新证明

我来驳斥这些反对意见的入题话。我所提出的社会性手段十分可靠,尤其因为如我所证明的那样,这些手段几乎没有任何妨碍成功或削弱通常政治的强暴手段的权力之弊端。我在这里还要补充说明,由于我们的制度受周密的考虑和令人鼓舞的动机所支持,它会对设想为不带偏见的民族产生巨大影响;这种偏见来自真正不顺从和懒惰的心灵,来自私有制和个人利益;而那种心灵只是出于恐惧才会变得具有社会性。

撇开这一切,就不存在人总是毫无反感地一致听从最合理的忠告和警告的情况,如果是这样,那么,我们的假说也并不排除严厉的权力;这种权力控制最初的不满情绪,并首先强令人们履行义务;这些义务,人们一经实践就会变得容易履行,随后更由于产生明显的功用而乐于履行了。

我已经说过,我们这种法律所要压制的只有一种罪过,即游手好闲;那些用以防止一切其他罪恶的条文还要定得使公民不能有任何借口来逃避为社会公共福利而劳动。

有人说,气候炎热的国家中的野蛮民族体质较弱,更倾向于游手好闲,比其他民族更难于服从我的政治秩序。为了着重解答这个问题,我要说的是,由于这些民族若不是同时拥有更为丰富的生活必需品,便是在生活上较为节制,因而他们会自愿接受这样一种政府形式:这种政府按一定比例向民族成员分配各种社会劳动,并大大减轻劳动的负担。简而言之,这种在许多方面均有助于人们的休息和安宁的制度，难道不能通过某些微小的改动而使之适用于一切民族吗（不管它们是新生的，还是仍然处于纯自然状态的，也不管它们的个性有什么不同）？

爱好休息也是人的活动的本原

如果有人仍然坚持认为地球上各地的人自然都是喜欢游手好闲和懒惰的话，那么就应当从其根源上来说明这种倾向。对于有理性的创造物来说，爱休息和喜欢宁静是朝着一定的幸福之点前进的趋向；但是，由于这个支点本身容易变动（就像我们的自然感情的周期循一定的对象范围而变化那样），人也就不得不改变自己的位置：同一种休息状态会令人难受，要作出努力取得另一种休息状态。我们的软弱无力经常阻碍或延缓我们为使自己处于新状态而作的努力；因此，要劝告人们求助于别人，去寻找能够给予援助的人，劝告要配得上这种援助；劝告要人们在为自己的舒服而行动的同时，也要为他人的舒服作出应有的贡献；劝告要进行分工，以便减轻劳动的繁重程度。最后，正如我已说过的，合乎这些劝告精神的法律的威力可以增强这些劝告的力量。

懒惰的真正原因

如果有什么东西破坏这种有益的劝告的话，那正是某些专横的制度。这类制度主张只为少数人确立一种名为繁华富贵的恒久的安逸状态，而把劳动和艰辛留给他人：这样的区分使一部分人无所事事、悠闲自在，而使另一部分人厌烦和憎恶强加在他们身上的义务。总之，这种被人们称之为懒惰的恶习，同我们的各种狂暴的欲念一样,起源于许许多多的偏见,这些偏见是我们大多数为自然所厌弃的社会的不良法制的必然产物。

人是生来就要活动的创造物,确实如此;如果没有任何东西使他背离自己真正的使命,那么他会进行有益的活动。的确,我们看到被称为富贵而有权势的人物在追求令人疲倦而狂乱的寻欢作乐活动,以摆脱难受的清闲。

由此可见,人就其本性来说并不是懒惰的,而是后来变懒的,或者换句话说,是后来他对一切真正有益的活动产生了厌恶。

现在,让我们离开美洲野蛮人的地方回到我们大陆的文明民族这里来吧!我承认,正是在这些文明民族中,我们才真正看到了像我们有学问的评论家所描写的那种懒惰、任性和暴烈的人。我还要承认,我们的制度在这些人中间影响很小,因为,要使单纯的理性明确认识这种制度,我必须作出很大努力。但是,由于我已经证明任何民族都不会从自然界中沾上这种任性的习气,也不会沾上其他任何恶习,我还要溯本求源,从历史上证明这些弊端怎样一步步地发展,以及最初的立法者为了防止它们本来应该做些什么。与此同时,大家也就可以弄明白人们对我提出来的异议,即:不管我的原理如何可靠和明确,地球上却从来没有任何一个智者或任何一个民族想到运用这些原理,这是为什么呢?

对喋喋不休的大量无聊的反对意见讲几句离题话

但是,首先请读者允许我谈谈与我的研究题目没有绝对关系的某些想法。读者会说,竟然花费这么大力气来证明明白不过的东西!我承认,如果我还得清除那许多蒙蔽真理的政治观点和道德观点，花费这些力气是没有用处的。对这些观点的不断抨击几乎总是以同样的方式进行，这就导致经常的重复。某些根深蒂固的谬见的顽固性和固执性是很强的，如果给它保留一条小小的根，它的枝干就会活下来；如果忽视对它进行最轻微的打击，那些有偏见的人就会认为有某种不可克服的困难在打消你的努力。难道人们不是天天看到，在宗教问题或哲学问题的争论中，被推翻了一千次的反对意见又以新的形式上千次的卷土重来吗？如果你错过对某一真理进行小小的阐发工作，如果你不公开地还击某一反驳意见，那些骗子和顽固的人就会利用这一点来蒙蔽无知的大众；他们会把你给他们留下的那堆破烂堆积起来作为战利品：他们的荒谬主张已遭到成千次推翻，但是，如果你忘记给它们以最后打击，那些人还会把它们当作完美无缺的东西重新抬出来，并向所有的人宣扬。

比如，请看看那些所谓的宗教论证者吧。他们提出的证明或则无力，或则可笑，因而败坏了宗教的名誉；他们的大多数既不知道自己在保卫什么，也不知道自己所攻击的主张的实质；他们随意杜撰，发表通常有利于他们要显示自己是胜利者的意图的那种观念。我赞扬他们的热情，但是，他们的狂妄愚蠢、不学无术或居心不良难道在智者眼中是可以原谅的吗？请原谅我这段离题话；我现在回到我的本题上来。

民族的真正起源和社会感情衰落的原因

首先，让我们来寻找民族堕落的物质原因。我认为，我们不会从民族的起源中找到这个原因。任何民族，不管它的人数有多少，也不管它所占的领土有多大，都必然起源于单一或数个联合起来的家庭。不能把人们以为由从前分散各地的一些偶然形成的群体看成是民族的真正起源：这种聚集只是他们的社会的起源。也不能把由于迁徙或征服而形成的定居称为民族的起源：这一切偶然的变化恰恰是人们的原始状态遭到破坏的结果；这些事件又转过来成了更大的新的动乱原因。

既然任何民族总是必然起源于一个或数个家庭，那么，它至少要在一定时间内保持家长制政体形式，并且只服从于以友善和慈爱的情感为基础的法律，而家长的榜样又在兄弟和亲戚中间激发和促进这种情感；这种温和的政权使所有财产成为公有，其自身也不占有任何财产。

因此，世界上的每个民族，起码在其形成的时候，在它的本土受到如现在我们看到的美洲小部落那样的管理，或如传说的古代西徐亚人那样的治理；古代西徐亚人[①]曾被看作其他民族的摇篮。然而，随着这些民族的人数和户数的增多，兄弟般团结一致的感情淡薄了，已经十分衰微的父权也减弱了。

在这些民族中，有的由于某些特殊原因，人数一直很少并长期生活在自己的故乡，他们一直保持着最初的十分纯朴而又自然的管理形式。甚至那些人数大增但没有改变居住地点的民族，也会

① 西徐亚人：是希腊人对公元前八至前二世纪居住在黑海北岸、第聂伯河和顿河流域的居民的总称。实际上，这些居民是由不同种族集团组成的。西徐亚人也曾生活在中亚细亚。现在还能在哈萨克斯坦见到西徐亚人。黑海北方坟墓和城市遗址的发掘提供了有关西徐亚人文化的丰富而有特色的材料。罗马尼亚、匈牙利和保加利亚都发现过他们的一些古迹。希罗多德(Hérodote)曾留下有关西徐亚人的详细材料。

保持着始终具有家长制性质的管理形式，尽管人们的感情淡薄了，这种感情似乎只能在大致都有血缘关系的少数人中间才占主导地位。

那些在自己本土人口过密而不得不向外迁移的民族，由于长途跋涉，遇到重重困难，或者由于所到达的定居地方的情况和性质，而不得不作出违反家长制管理法规的安排；这是对于作为家长制之基础的情感的一次新的损害。

因此，我看出家长制的衰落有三个物质原因。

第一个原因是户数的增加；被我称为血缘之爱的那种情感，与公有精神一样，随着户数的增加而在家庭之间逐渐减弱。

第二个原因是迁徙，它迫使每个家庭打破公有关系，因为每个家庭都要负担一部分行李和食品。

最后，第三个原因来自建立新住所时遇到的障碍和困难。

我从这些使血缘感情减弱或消失并使几乎所有的公有关系遭到破坏的原因中，找到了个人之间、家庭之间或民族之间发生纠纷的根源，这也就是一切内讧、战争和掠夺的不幸根源。由于每个部落最终的分化和部落之间彼此远离，时间、地点的距离以及语言和风俗的差异便把出自同一地方，也可以说出于同一种族的各民族之间的血缘观念几乎完全破坏了。因此，当他们在另外地方相遇时，彼此都只把对方看成是另一种类的生物；于是，哪怕是最小的争论，最轻的口角，都会很容易地导致他们几乎肆无忌惮地互相厮杀。

立法者没有纠正任何混乱

那么，继所有血缘情感的减弱或消失而来的一切纷争，不管是以什么形式出现的，都导致人民厌倦这种暴力状态，而同意置于法律的管辖之下。但是，那些受人民委托去整顿引进的习俗或建立新制度的大部分人，或者更正确地说，所有的人，既不去纠正流弊，也不去废除恶习以及支持恶习的偏见，更没有去寻求接近或恢复自然原始法制的方法；他们不去这样做，而只就他们所见的那样去看待人和物。这些改革家，这些共和国的缔造者，只是在这里使用几个平衡锤，那里运用几根支柱，好歹维持快要解体的社会性。

在追溯血缘感情减弱的根由和物质原因的时候，我发现了一切混乱的起源。同样，在追溯一切社会的起源、即追溯赋予社会以某种形式的制度的时候，人们就会发现，那些只给人类的病患以治标药物的法律，可以被视为拙劣疗法之恶果的始因。人们也可以把这些法律指责为祸害的第二原因，由于其草率而致酿成祸害或无法预防祸害。这些法律的制定者常常把真正的弊端当作好事，可以说致力于给缺陷本身、给与良好秩序不相容的事物以完美的形式，并使其制度化。

为什么要制定法律

只是为了恢复和重新实行最初的社会性的自然法律，才要定出人为的法律。后者应从这总的法律中汲取自己的所有特别条款，将这样的结果用于扩展和解释总法律；应当预见和防止可能损害自然法的权威或试图使其意愿落空的各种情况。而这些人为的暂时性的法律完全不是这样，一开始就直接与它们应从中汲取全部力量的、应该成为永恒性的法律背道而驰。因此，看到这些法律的不稳定、混乱和重复繁多，那就不足为奇了。

《论法的精神》的著名作者十分灵巧地在这一片混乱中驰骋。他通过研究这些变化无常的法律的历史及对其进行剖析，指出了法的精神的易变性。这就是他的目的。而我在本文中的目的是要说明人类的法律为什么如此频繁变化并经受许多危险的障碍。

我不断地重复说（而这种重复不会是多余的）：这些法律，由于规定对自然产品及自然界的成分本身实行骇人听闻的分割，由于对本应保持完整、或者因某种偶然原因被分开、但仍应恢复原状的东西进行瓜分，这就助长和促进了整个社会性的破坏。我认为，这些法律不该破坏不动产的完整性，不该使私有财产制度化，而只应致力于规定如何使用和分配非固定资财。为此，只需要分配社会成员的工作职位和互助任务。如果公民之间需要保持某种和谐的不平等，那是通过对整体的每个部分的力量的考查来定出这种比例的，但这并不触动支撑整个社会机构的根基。资产多的富人也只能让其考虑使用自己的收入，这是经济上明智的准则。

一切政治或道德论证的真正论据和一切混乱的始因

我刚刚努力从好比一堆废墟的东西中得出一些原理。正是依据这些明显的原理，我才敢于在此下结论说：可以几乎像数学那样精确地证明，任何财产分配（无论是平等的还是不平等的）和任何对所得部分的私有权，在任何社会中，都是贺拉斯（Horace）所称的 summi materiam mali[①]。一切政治现象和道德现象都是这个十分有害的原因所造成的结果。由此可以说明和解答有关下列各

① 万恶之源。

点的全部定理和问题:美德与邪恶、混乱与罪行的起源和发展之间的相互关系和联系;善行和恶行的真正缘由;人的意志的一切坚定性或摇摆性的表现;欲念的放纵变质,抑制欲念的戒规及法律的无效和无力;这些训诫的技术性缺陷,最后还有头脑和心灵的迷误所产生的各种奇怪谬见。我认为,所有这些结果的原因都可以从立法者的顽固性中找到,他们固执地通过侵占本应不可分地属于全人类所有的财富的办法,破坏或任人破坏维系一切社会公益的最初环节。

最初的立法者要认识自然的意图并使自己的制度符合这种意图多么容易

但是,有人会反问,我们大陆上最初的立法者像你认为他们本应该做的那样去管理人民,这是可能的吗?即使能够那样做,他们的法律、他们的制度难道不也像现在一样容易腐败和起变化吗?

我首先要回答的是:就我们所知,最初受法律管辖的大多数人民,那时人数并不像现在这样多。因此,就按你们前面对我提出的反驳意见来看,也正是这一点方便了立法工作,并有利于定出好法律。再者,这些当地人或移民[①]也该接近于北美各民族许多世纪以来所处的状态。因此,他们中的智者不难按自然的真正基础制定出自己的法律。这些坚实基础当时几乎完全外露,并且没有裂痕;而今天,则需要用很大气力去挖掘它。当立法者发现这些基础

① 所谓当地人在这里系指自古以来就居住在某地的人民;所谓移民,系指通过移民途径而定居下来的人民。

由于受到能摧残社会之爱的偶然原因而有被破坏的地方，他们就该通过恢复这种社会之爱来积极修复基础。立法者要精确观察这种感情要求什么，并合乎逻辑地解释自己最初的法律；他们可以把法律加以扩充，但要保持法律文本的纯洁性。

有人还会问：立法者在步步遵循自然的明智意图的情况下，尽管人民都很服从，难道他们把法律分别运用到分配各种职业方面、满足公私需要的手段方面，以及使广大公民既不混乱又无纠纷地平等生存下去的手段等方面都不会遇到具体困难（这其中的任何微小困难都常常使最好的法案遭到失败）吗？

我答道：这一切不过是物和人的简单的列举，是简单的运算和综合，因而是能安排得秩序井然的。我们古代和近代法案的作者都设想和实行过一些困难得多的计划，因为除了意外的偶然因素，还有自然的理性和无数障碍在对抗这些计划，障碍来自于谬误，而谬误又纠缠于障碍之中。最后，如果有什么值得惊奇的话，那就是这些无知的人竟然也做了一点事。

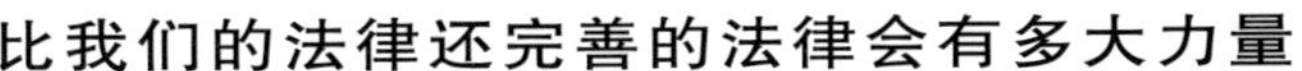

比我们的法律还完善的法律会有多大力量

我也要问一下：既然梭伦和莱喀古士的法律，克里特人、印度人、波斯人、迦勒底人、埃及人等的法律，尽管都有缺点和不完善，但仍完整地保存那么长时间，既然这些法律后来经合并汇编而变成了世界性法律，既然可以说希腊人像罗马人用武力征服其他民族一样，他们能用自己的法律制服了罗马人，既然这些罗马人看到大量涌进帝国并瓜分了帝国的野蛮人也采用了自己的法律，既然几乎整个欧洲今天都服从这种法律，那么，肯定能够防止这个世界发生悲惨流血变革的那种法律的持久性和稳定性又会怎样呢？

和平的法律本来可以日益加强仁爱而又善良的人民的社会联系，成为其他民族的强有力的榜样；这种明智法制本来会逐步把自己的温和的权威伸展到整个世界，会使最凶狠的民族放下手中武器。正因为这种法律当初就被人忽视，今天才好像行不通。但是，难道由此能原谅我们的民法和国际公法所依据的原理的虚伪性吗？

民法和国际公法之原理的虚伪性

当我谈论我们这两种法典的原理的虚伪性的时候，我指的是它们总是以人身上并不存在的邪恶本性为前提的。这些原理中的第一条是：己所不欲，勿施于人。这条原理认为人们能够认真地想办法去互相伤害，这是司空见惯的平常事。但是，如果法律本身并不经常促使人们有这种害人的残酷需要，如果自然法得到切实的遵守，这种情况就永远不会发生。自然对于不想让人知道的事情不作任何规定；它不说：不要去加害于人，它只使人免于这种危险；但是它说：己之所欲的好事，要去施行。

由此可见，你们的第一条法典的原理只是在一定条件下才是真实的，这条原理并不是非遵守不可，可以说只是偶尔才有必要。

抛开你的和我的这两个必然造成纠纷的概念。要作这样规定：不管在分配中存在怎样的不平等，都不许少得的人去扰乱多得的人；还应促使不幸者、甚至倒运的人以这么一种不能给人多大安慰的推论去服从人类的法律安排，这种推论就是：倘若你是好处的第一个享有者，难道你能忍受别人将你这些好处夺走吗？这就是你们的第一条公正格言的真义。但是，人们在完全平等地享用生活必需品的条件下，难道还想彼此争夺什么东西吗？这种平等难道不能排除损害他人的任何想法和欲念吗？

从你们的第一条公理所得的一切结论像公理本身一样站不住脚。比如，允许以暴力对抗暴力。我要问，是谁诱使人们去走这种残酷的极端呢？两个热衷于相互残杀的民族都很善于利用这种允许；到后来，他们不得不暂息自己的狂怒，以进行谈判；他们短时间内遵守你们的第一条忠告：alteri ne feceris，etc[①]。然而还是请你们预防一切战争的起因吧！停战法能派什么用场？

有人会说：什么！在人们之间建立十全十美的和谐，使他们永远不试图相互损害，这不是几乎永远不可能办得到的事吗？因此，应当给他们以教训，使他们感到相互损害是多么不智。我同意这一点。但是，应当做到使这种情况极少发生而且程度尽可能轻微，同时绝对要排除凌辱他人的任何依据和借口，并不得让关系到我们的福利和自我保全的物品成为几个人争夺之物，而被最强者所夺走。这些明智的预防措施，本来会使可能发生的一切小小分歧成为像在熟人、朋友或亲属之间所见的那种轻微的激动和心情不快，而这种一时的口角并不致引起他们完全决裂。那时，凡是己之所欲的好事就去施行这样的正面督促，会很容易平息这些小小的纷争，同时也就不需要制定无益的消极制止的法典。

基督教精神使人们接近自然法

最初的基督教徒正是用这种无力的消极制止——己所不欲等

① 己所不欲(勿施于人)，等。

等作为防卫手段来反对自己的迫害者的：他们无论在自己人中间，还是在对待自己的最残酷敌人方面，都不需要这种督促；他们远离一切暴力。他们的若干主要教义使他们意识到所有人的自然平等；这些教义取消了主人的权势的全部威严，缓和奴役的关系，使受劳役变成自愿服从。他们的教规由于只允许暂时使用现世的财富，因而劝富人舍弃财产，并把财产分发给穷人。他们还同样强烈地被要求以温和、谦逊、克制和耐心的态度对待一切人。对真正仁慈的人许以无限的奖赏，鼓励他们履行这些义务，而以可怕的威胁阻止他们背离义务。因此，信徒们早期令人钦佩地严格遵守这种完美的道德：他们吃的是同样的饭菜，富人在饮食方面向穷人供应大量必需品，并跟穷人同桌用餐；一些人把大笔金钱交给牧师管理，放弃自己的财产，参加行乞者的行列：凡此种种行为显然是要人们接近真正的自然法律。由此可见，如果只把基督教看成人类的一种制度，那么，它是最完美不过的。对基督教的迫害，反而支持了信徒们的英雄主义；他们的坚定性，他们的纯洁品行，使他们赢得更多的新的信徒，这比他们的神秘教义更有说服力。他们那种不怕艰苦的精神，使荒无人烟的地方也住上了共享劳动果实的居民。如果他们不是以不留后代为荣，本来会变成人数众多的人民；他们的后代也会继承他们的美德。

为什么基督教精神维持不下来

但是，基督教里有一些早晚要削弱它的道德准则的清规戒律和习惯做法。那种全然摆脱尘世之爱而沉迷于静观冥想的生活会蜕变得对社会毫无用处，而且常常成为懒惰的借口：这种情况确实存在。胜利了的基督教推倒了偶像；但是它保护自己的神秘性甚于保护自己的道德：为了照顾其神秘性，基督教的道德不敢以其攻击异教时所用的那种强大的力量去反对背离自然意向的偏见、习俗和民法。这种道德在不违背其所依据的高尚思想的一切方面，是与政治制度相符合的。因此，这种道德必然带上它所无力改变的弊端，因为尽管最优秀的榜样有其作用，但道德毕竟不具备法律的力量。这种榜样不知不觉地改变了民族的信仰，而没有改变其政治制度，也没有改变它们的习俗，也就是说，人们之所以认为自己是基督教徒，是因为他们不再崇拜大理石像和铜像，而遵守这一新宗教的一切仪式罢了。这种宗教本身完全是精神性的，它向粗俗平民的弱点让步，尊崇自己的某些陈旧的迷信活动，并容忍野蛮人的更为荒谬的习惯。大大增多的仪式只能使人们忽视这种礼拜的主要对象；附带的东西占了宗教的主要位置。当人们在某些日子或某些时候参加了这些仪式的场面，就以为履行了全部宗教义务，这种豪华的仪式在主要表演者的心中唤起或产生虚荣心和高傲感。人就是这么样的，当他看到自己要授勋的时候，就自以为伟大、了不起和应当受尊敬；这是一头负载圣物的骡子。宗教的富丽堂皇很快就变成了神职人员的奢侈和豪华。对于他们来说，虔诚的教徒只不过与朝臣相似；而平民中最按时参加礼拜的人，还自以为是最完美的人呢。

那种真正的血缘之爱，那种似乎该会改变各民族面貌的最初的自然法，究竟发生了什么变化呢？由于缺乏政治措施，缺少能使慈善事业的管理具有稳定形式的安排，这种受到如此夸奖的慈善于是被无数滑稽可笑的仪式所代替；慈善跟私有制和私利荒唐地

结合以后，便染上了这二者的弊病，或者更准确地说，它仅仅成了赋予富人浮华而短暂的慷慨的空洞名称，这种慷慨并没有改变穷人的命运，而只是维护了他们的游手好闲。于是人们看到，神职人员把穷人的遗产据为己有，以此作为自己所做的虚伪祈愿的报酬；人们还看到，这些所谓的神与人之间的中介人如何与临终的愚蠢的富人讨价还价，以赎他的生前罪恶；人们也看到骄傲的大祭司把修改过的兄弟般的劝诫变成了蛮横无理的统治，而这种统治的表面却以使徒的虔诚为装饰①；归根结底，普通平民虽然改变了迷信，但却和从前一样，仍然受着通常的政治和欺骗的继续驱使。

修道精神与自然法完全对立

请人们不要对我说：真正的基督教精神，即我所赞扬的共同占有自然财富、互相帮助和地位平等，仍然在那些忠实地遵守完美的自然法律的团体里存在着。把这些偶然集合在一起的人群，把这些散处于社会衰弱机体上的结节拿来同使共和国贫困化的富户人家相比，那对于他们是一种荣誉：因为那些使共和国破产的人家有时也能对国家做些好事。不，这些由游手好闲的人组成的怪异的团体不过像寄生植物一样依附于树上，它们还不如一根最坏的树枝。在受到最好管理的民族的目前状况下，这些孤立的团体会是

① 耶稣基督当年对法利赛人所作的无情责备，今天正好能够用在什么人身上呢？“你们取消了法律中最重要的东西，……你们内心充满掠夺和污秽……。他们所作的一切，都为了要叫人看见；他们加大自己的经匣，装饰衣服上的穗子，喜欢筵席上的首座和会堂里的首席……又喜欢别人在公共场所向他请安，并称呼他为‘老爷’！……他们把难担的重担捆起来，搁在人们的肩上，自己却一个指头也不肯动。”（《马太福音》第23章）

这么一些人的真正帮派；他们好像串通一气以千百种无聊的借口来逃避公民的一切义务，却要享受最高的特权。我还要再说一次，不，自然法律的精神不能把自己关闭在这种黑暗的隐蔽所里。我认为，就这种精神的本质来说，它应当均等地传给全体人民，应当使全体成员进行同样的活动，具有同样的倾向，并以同一纽带把他们联结在一起。因此，自然法律不允许这些捣乱的团体造成断断续续的空白。

我刚说明了习俗、旧观念和根深蒂固的偏见给予通行法律的推动和影响，这种法律的原理充满缺陷，后果十分恶劣。我指出了这种法律与自然法律是多么的不相容，一句话，指出了政治谬误和道德谬误怎样一步步增加，以致几乎无法挽回地僭越了真理的名义、威信和权利。

我还要回答《公正文库》（Bibliothèque impartiale）反驳意见中的最后几个命题。那就是：平等方案尤其是一个显得最违反人的个性的方案；人生来不是役人就是被役于人的；中间状态对他们说来难于忍受。

我已经解释过：人在哪些方面是完全平等的，而且应该一直都是平等的；自然怎样赋予每个人不同的才能以表明其身份，并据此安排每个社会成员的地位及其有益的关系，而并不扰乱这种基本平等的水准。

什么是自由和依存

现在让我们来研究什么是人的真正政治自由或公民自由。道德家们对这种自由始终没有正确的观念，他们对道德的善恶也同样如此。

我首先要说的是，人们的真正的政治自由，在于没有阻碍和无须担心地享用一切能够满足自身的自然愿望——因而也是十分合理的愿望——的一切东西。但是，这种美好的自由是以某些汇聚一起的原因为转移的；如果享受自由的手段未受破坏和扰乱，这些原因会使享受自由成为十分可能的事。

如果把自由理解成绝对排除人与人之间的任何关系的一种完全的独立，那么，我要说这种自由就会成为完全放任自流的状态。在这种情况下，人们就会像草木一样孤独地生活着；这样，也就不再会有社会。

人类各个成员的这种依存关系及其各种各样的自然关系既不意味着缺乏自由，也不意味着过分拘束，这正如生物体的各种器官相互联结和依存并不意味缺乏力量一样。恰恰相反，这种结合，这种联系，增加并促进公民自由的力量，而且还排除障碍；如果我们的软弱无力和我们的自然弱点得不到援助，那就会不断遇到这种障碍。简而言之，这种依存关系有助于一切能促进我们的自我保全、福利和自由的东西。

《公正文库》的作者说："人生来不是役人就是被役于人的。"我们的所有哲学家也都像他一样说。如果不是因为我们的偏见、我们的习俗赋予这句话以令人憎恶的含义，我是不会去挑剔它的。让我们来恢复这句话的真正意思吧！人生下来就需要相互依存，这种依存关系使他们轮流地役人和被役于人，即得到他人的援助和去援助他人；但是，在这种含义中，并根据真正的自然权利，是没有而且也不应当有主人与奴隶之分的；或者更准确地说，像我所指的那种自由会受到一致的支持。

我说既没有主人，也没有奴隶，是因为依赖关系是相互的。儿女依赖父亲，并不甚于父亲依赖儿女：一个有乐于助人的和善良的慈爱的自然感情，另一个则荏弱而期待帮助，这两方面使他们同样紧密地联系在一起。共和国的公民单个地和集体地都处于相互依存的关系之中。

一般说来，在社会中，有些人生来娇弱无力，却才华横溢，心灵手巧；而另一些人身强力壮，却需要智慧。儿童要由成年人来帮助；当成年人渐渐衰老，则由前者接替他们的位置和职务。最后，中年人帮助老年人，同时也接受同辈人的帮助。

我们绝对统治者的政权的弱点

让我们即便就各民族的现状来考察一下人们的行为吧！有多少高傲的凡人徒有主人的空头衔呀！人人表面上对他们卑躬屈膝，而暗中却在对抗他们独断专横的意志，大家都串通起来，要迫使这种意志屈服或避开它的支配。可怕的君主们，最下贱的奴隶和卑鄙的女人一经察觉你们的弱点，他们一发现你们的任性的脾气和行为时，他们操纵你们就会比熟练的骑手驾驭最不驯服的马匹还要自如。

强大的君主们，你们愿意告诉我谁是你们的宠臣和谁是你们的爱妃吗？那我就能对你们说明谁在代替你们执政。你们不会猜疑他们忘恩负义；实际上，他们并非常常有此罪过。不，他们没有僭夺你们的威望；是他们的仆人，他们的丫环，或许是他们的马夫，我也搞不清楚，也许甚至于什么更卑贱的东西——某一妖僧、怪道或和尚在统治着你们的国家。这些人常常把受你们宠爱的人安插在你们的身旁，并且借他们的人，也是为他们的人而掌握权势和地位，你们会相信吗？

但是，请你们仔细考察一下吧，看看你们的专制政权多么虚无缥缈！苏丹[①]，你不久前曾需要向你的人民增课新税；为了减轻人民的负担，你不想免除你的政府中任何一个高官和你的帝国中任何一个蒂马尔主[②]的纳税义务；人人都服从了你的命令。

你以为能从你的穆夫蒂[③]、你的伊马目[④]那里得到同样的服从和看到对国家财富表现出同样的热情；穆夫蒂和伊马目在清真寺里不断地高喊着："老百姓呀，请你们听从自己国君的话吧，他们是神的象征。请你们放弃尘世的暂时幸福，只使用自然需要所要求的少量财富就行了，把其余的财富交给穷人吧：如果不施舍、不行善，天堂的大门将永远对你们关闭着。"我说，你以为这些满口仁义道德的人心里也跟说的一样，只需稍加暗示，他们就会把财富送到你的国库来，让那些可怜的人少流一些汗水，减轻一些痛苦，这些汗水和痛苦是国家的需求造成的。你要求这些先知的代言人给你一份清单，开列由于你的先人和整个民族的慷慨而赐给了他们的巨额财富。

这时，你便看到伪善的假面具怎样从他们的脸上掉下来；你看

① 系指穆罕默德苏丹一世，1730—1754 年在君士坦丁堡执政。——译注

② 蒂马尔主：即被授予蒂马尔的军人。在奥斯曼帝国时期，蒂马尔是次要的军事采邑的名称。领受军事采邑的军人征收该采邑的捐税，但在战时应按其采邑的大小提供相应数量的骑士。——译注

③ 穆夫蒂：古兰经的解释者，负责阐明宗教和法律问题。——译注

④ 伊马目：即领导作礼拜的人。——译注

到这类无耻之徒违犯宗教的首要戒规，竟然以宗教为自己的抗拒辩解。你的最高政权又变成什么样子了呢？据说，你害怕起来，为你自己的生命担忧；你的迪万[1]之一想制服这群叛乱分子，而你却要他保持沉默。

过了一些时候，这些刚刚使你的权威受到明显损害的叛乱分子，几乎就像那些对自己的偶像时而虐待、时而爱抚的印第安人一样，利用这同一政权来恢复自己的昔日统治，连那些被死神快要置于君主的高位上的人们都得受他们的统治。

你们这些世间的暂时统治者，当公民一旦对你们和对国家尽了自己的义务，你们至少要让人们的心智得到安宁吧；人正是由于其心智而感受自由并应该以此感受自由的，即使身上带着最残酷的奴隶制镣铐的时候，也是如此。但是，那个没有后代的永存的民族[2]不就通过许多方面，以许多空洞的借口，并且在对于心灵毫无益处的情况下，主张压制理性吗？

你的迪万识破了这些小暴君的野心勃勃的诡计；它想告诉你，这些先知的所谓宠爱者曾不只一次地充当宫廷阴谋的主谋者：它向你提醒说，人们经常见到不可一世的穆夫蒂自认为凌驾于苏丹之上，就像天使超越于凡人一样；人们还眼见他们窃取支配帝国的大权。它希望你考虑，尽管他们的邪恶和捣乱已使人民有所醒悟，但是，应该担心的是这些危险人物利用他们在民众心灵中所散布的观点和格言来恢复他们已被摧毁的骇人听闻的权力。这贤明的

① 迪万：苏丹的国务会议。——译注

② Gens æterna in qua nermo nascitur(一个在其中不诞生任何人的永存的民族). Val. Max.

迪万试图向你指出，这一切阴谋诡计给法律、安宁、甚至你的政权带来多么大的损害。但是，这一切都徒劳无益：阴谋家们以奇妙的魔法使你的王座远离真理；他们导致人们把这个可尊敬的团体的热情视作对君主的冒犯，于是你驱逐了它。[①]

强大的君主们，现在请允许我再问你们：你们如此热衷的这个政权是怎么样的呢？它常常是那些善于蒙蔽你们的骗子或谄媚分子的玩意儿。坏人把你们的权杖变成了施于忠实臣民的笞杖。

可见，这些例子证明：在由凡人的双手创造的道德世界里，既没有真正的服从，也没有真正的自由。

最兴盛的国家的衰落和变动的真正原因

从国王的权杖到牧羊人的棍子，从教皇的三重冠到修士的长披巾，如果有人问究竟是什么支配着人，答案很简单，那就是个人利益，或是虚荣心使之接纳的并永远服从于个人利益的他人利益。然而，这些妖怪究竟是从哪里来的呢？是从私有制而来的。

因此，人世间的智者们，你们要在这类暴君统治的地方寻找完美的自由，那是徒劳无益的。只要你们高兴，你们尽管大谈最完美的政体，尽管去寻求创立最明智的共和国的手段，尽管促使人口众多的民族从遵守你们的法律中得到幸福吧。你们没有根除私有制，你们就什么都没有做。你们的共和国终有一天会陷入最可怜的境地。你们把这些可悲的变革归诸于偶然，归诸于盲目的天命，

① 摩莱里在这里暗指1753年5月议会被逐事件。该议会曾拒绝通过关于准予冉森派教徒行最后圣礼的法令。——译注

这是无济于事的；你们认为由此引起帝国的不稳定，如同引起个人命运的不稳定一样。这是毫无意义的空话。

道德秩序中的偶然性是什么

这种偶然，这种所谓的道德天命，只是你们所预料的意愿的不一致的结果，因为你们忽视了按照自然的意向把这些意愿结合起来的真正手段：在自然的计划中，不存在偶然；在自然的运行和变革中，也没有异常突兀的变化；自然的发展进程是稳定的、一致的；我再重复一遍，这种使共和国变成君主国又使君主国变成暴君政体的偶然，根本不是真正的天命；这其中没有任何出乎意料的东西；原因是十分明显的，是私有制和私利，它们时而把人们联合起来，时而又役使和控制他们。

你们说，民主政体的原则是正直和美德；贵族政体依靠克制来维持；君主政体以荣誉为基础；专制政体的残酷统治靠恐怖来巩固[1]。我的天哪！这是些多么脆弱的支柱啊！这一切政体都或多或少以私有制和私利为基础，那是一切基础中最不稳固的基础。

在共和国中，个人私利，由于受着财产和地位的某种平等所制约，在若干时间内仍可与社会的共同利益保持均衡状态：离开自然状态不太远的人，也就不太邪恶；这个“不太”就成为他们的美德。但是，任何均衡都处于剧烈对峙的状态，最轻微的负荷都会把这种状态破坏。为什么要把可以在牢固而平稳的基础上保持水平状态的东西悬空起来呢？为什么要用最能破坏公共福利的东西，用如

① 《论法的精神》，第 3 卷。

此容易使人倾向于据为己有的私有制，来限制公共福利呢？你们以什么来反对这种贪婪倾向呢？你们要用软弱无力的德行，可是贪婪倾向会巧妙地以这种德行为自己的目的服务，很快就使几个家庭成了社会和政府财产的主宰者：于是整个民族的公共利益变成了联合起来奴役大多数人的几个人的利益；这就形成了贵族政体；贵族政体的成员需要克制，以防止他们之间的一切猜忌，或者以此向人民掩饰会引起其憎恶的统治：这就是大人物在这个政体中给人民留下的自由的影子。然而，一旦贵族们越出这种克制的范围，他们之中的某个人就会巧妙地利用他们的纠纷，或利用全体人民对于与他同一阶层的人的憎恨情绪。他博取众望，人们将他拥上王位，或者他通过那些被他贬于次要地位的家族所走过的同样的阶梯，来达到此点：于是建立了君主政体。这个政体几乎不把任何社会财产占为己有；它维持实行财产分配的法律；但它随意支配政治机构的所有成员。人们不再是为祖国服务，而是为君主本人服务；人们出于爱戴君主的心情去履行自己的义务，而人们期待的晋官受禄只有从君主那里才能得到。为了取得官和禄，就得以能引起君主赏识的丰功伟绩超越众人。如果那是有德行的人，那么，他博取君主的尊重、宠爱和近乎王位般的显赫地位的热忱，一句话，荣誉——这种与一切优越感相连的观念，就成为君主政权的最坚实的支柱。然而遗憾得很，多少偶因使得这种荣誉变成奴颜婢膝！罗马人呀，你们在头两代皇帝统治时期何等荣耀，而在其他皇帝的治理下，你们却成了凡人中最卑贱的人！

阿谀奉承很快就腐蚀了最伟大的国王；他们的宫廷侍者、他们的臣民都成了谄媚者。为了得到国王的恩宠，几乎不再有什么人不竭力使国王相信：人民对于自己的君主来说，就像整个自然界对于它的创造者的关系一样。我能说什么呢？他们使君主不知不觉地以为：人民之对于君主，犹如家畜之对于人。于是，人们只能看到代表暴君意志的可耻的大臣。某个卑鄙的阴谋集团掌管着王位继承人的教育；这个下贱的宦官[①]集团，以对他们有用的愚昧或邪恶手段，使极为有害的戒规在当政的家族中长存下去；由于受到阿谀奉承，当政的家族已对这种戒规产生了好感。

老百姓们呀，你们尽情欢乐吧！你们出了一个王子！自然赐予他有一天会给你们带来极大快乐的品质：问题只在于帮助这种品质发展……。唉！遗憾的是结果并非如此！你们呻吟去吧，你们的希望快要无情地落空；一群怪物要扼杀这朵鲜花；他们散发的毒气即将笼罩、压迫和窒息这个天才的才华，以便随意操纵他：他的脑袋里将充满最粗野无知的人的一切谬误和偏见。他们将使他屈从于懦弱女子的迷信的恐惧；此外，这群败类要使这个温驯的后代染上支配着他们的那种吝啬和统治欲。

所有这些头等奴隶都力图建立专制政权，这种政权很快便使民族陷入野蛮状态，并由此导致彻底毁灭；从而使民族陷入毁灭深渊的沉重枷锁也将随着民族一同沉没。

那些最兴盛的帝国总是这样逐步衰亡的。除了**私有制**和**私利**这种残酷精神以外，还有什么其他东西能引起这类可悲的变革呢！

Eheu quam pereunt brevibus ingentia causis (Claudian)[②]。

---

① 在拜占庭帝国时期，统称宫内仆人为宦官。——译注

② 唉！多么微不足道的原因竟导致帝国的灭亡！（克劳第阿努斯）

这可以说是国家的命运。

什么东西可以保证帝国安定

在财产一律公有的地方，帝国的这种不安定状态、这类周期性的盛衰难道可能发生吗？请你们提出这一极好的原则，并把荣誉和德行的崇高观念同能使这条原则持久不变并能促使它产生良好结果的一切东西结合起来；这样，你们就会使民族的美好命运永远保持下来；将只有一个宪法，一个政府机构，只不过这个机构的名称有所不同罢了。

当某一个民族一致同意只服从于我们以上所阐述的那种自然法律、并由此在家长们的领导下活动的时候，这就是民主政体。

如果为了更虔诚地遵守这种神圣的法律，并且更有秩序而又更迅速地执行这种法律，人民把权力交给某些英明人士，就是说由他们负责发号施令来进行自然法律指明和规定的事情，那么，这种政体就是贵族政体。

如果为了使政治机构的运转更准确、更精密和更有规律，而只由一个人启动这个机构的发条时，国家就成为君主政体的国家。如果国中不引进私有制，这个政体就永远不会变质：这种意外变故能毁掉一切；但是在我们的假说里，有成千种防止这种意外的方法。

政治以什么借口为一个人的利益而牺牲大多数人的利益

为了显示自然法律遭到的破坏竟使人把道德观念和政治观念颠倒到何等程度，我要指出的是，国家竟被人看成由君主任意拨弄的乐器，君主愿意听什么音，就叫它的弦发出什么音；据说，这些弦就是盲从的大众，他们通常不知道自己希望什么；他们突然趋向有害于他们的东西正如趋向他们觉得有益的东西一样；因此，如果他们不服从某种可怕的权威，他们永远组成不了社会。是啊，人应当受到管理；但是，普通人从什么时候开始变成盲从的群众的呢？正如我曾经指出的那样，还不是从私有制和私利，以及随之而来并与其相连的谬误造成意愿的分歧的时候开始的吗？这种分歧是如此繁多复杂，以致在一千个人当中，也很难找出十个人能对某件有益的东西持有相同的看法，或就平等享用这件东西的真正手段取得一致。几乎没有任何人对构成社会（哪怕假设是很小的社会）真善的本质的东西抱有正确的观念。专制制度总是力求窒息这些会使人获得真正自由的观念，因为人有了这些观念就会变成有理性的了。自此之后，全体人民或整个民族变得任性和失去理智，变成无数意愿和感情相互对立的混乱的集合体，其骚动比大海的怒涛还要凶猛；最后，全体人民或整个民族变成了一团烈火；如果凶猛的火势没有受到制约人民的法律和管理人民的主人的控制，这团烈火就会自我吞噬和焚毁；可是发生这种情况又有什么可以奇怪呢？由此，在我们的智者看来，这些主人就是为了用力量和权威引导整个人类走向幸福而存在的，而人类自身常常不了解这种幸福：他们是牧人，把愚蠢的畜群赶向水草丰盛的牧场，使它们离开一陷进去就要丧生的泥泞池沼。由此，便产生了一条奇妙的准则，说什么专制君主是为了给他们的人民造福而生的。我要补充一句：为了在这方面获得成功，应当消除人们的糊涂观念，这些糊涂观念使人们看不见自身的真正利益；然而，实际情况却恰恰相反，全体人民经

常为了几个凡人享受幸福而牺牲自己的安宁和幸福。凡是主张使人民处于这种卑贱地位的观点和谬见，都受到鼓励：如果大多数人在这种奴役性的繁重劳动中得到好处，那当然好得很；反之，如果事情作了这样的安排，即几个家族或者仅仅一个家族的富贵荣华有赖于整个民族或大多数人的贫困，那么，身居高位的人才不管那么多呢！千百万人勉强维持自己的生活，各种进贡、捐税夺去他们的一部分生活必需品：这有什么关系呢！那个代表全民族的家族、集团或毋宁说是幽灵，他强大而富有，他的权力稳固地存在若干世纪，他的统治伸展到广大地区，这就行了。人类的其余部分只不过是一群确实还有点用处的低贱动物而已：如果发生什么意外，这类动物不能大致保持一定数量的话，主人还会关心保存这些动物呢。马基雅弗利主义[①]的可怕准则正是建立在这些卑劣的原则上的；根据这些原则，老百姓与君主的关系，近似希洛特人[②]与拉栖第蒙人[③]的关系。

① 马基雅弗利主义——是一种为了达到目的可以不择手段的政策，因意大利的政治家和作家尼古洛·马基雅弗利(Niccolos Machlavel，1469—1527 年)的名字得名。他在自己所著的"Le prince"(《君主论》)中主张，为了在国内建立强大的政权，可以采取各种手段，而不考虑任何道德标准。——译注

② 希洛特人——古斯巴达的下等社会阶级，从事农业劳动。希洛特人被认为不是个别家族或某一家庭的私有财产，而是整个斯巴达社会，即构成统治阶级的全体全权公民的财产。希洛特人的生命、财产和劳动工具，完全控制在斯巴达人的城市公社手里。斯巴达人残酷地虐待希洛特人，引起希洛特人于公元前七世纪和前五世纪发动过数次起义。——译注

③ 拉栖第蒙人——古代斯巴达的全权公民。——译注

君主在自然法中的权力和职责；他们的真正伟大之处

让我们把前面的对比颠倒过来，使事物重新恢复自然的秩序。整体比部分甚至比最美妙的部分要好，全人类比最出众的个人重要，民族高于最可尊敬的家族和最受尊敬的公民。

高级官员们、共和国的要员们、君主们，对于你们所管辖的人民来说，你们在自然法中是些什么人呢？你们只不过是被指派来关心人民幸福的普通的执行代表。如果你们玩忽职守，你们就会失却一切职位，变成这个社会最微不足道的成员。你们的高度警惕性和一丝不苟，使你们成为人民的最忠实公仆——最受人民爱戴的公仆。当你们变成不忠实的或蛮横无理的服务者，并且敢于设法压迫人民的时候，你们还能配得上什么呢？

一个把自己的某个公民推为首领的民族（特别是遵守朴素的自然法的民族），当然有权对这个人说："我们责成你促使我们遵守我们之间所作的规定；这些规定的目的是在我们中间维持完美的互助关系，从而使任何人非但不缺少必需品和应用品，而且也不缺乏娱乐的东西，正因为如此，我们敦促你一丝不苟地注意保持这种秩序，告知我们维持秩序的有效方法，便利我们接受这些方法，并鼓励我们去付诸实行。理性给我们规定了这些法律，我们则规定你要经常依据这些法律；我们把这些法律和这种理性对我们每个人所拥有的权力和权威授予你；我们使你成为它们的喉舌和传令官，我们保证帮助你来约束我们中间任何一个意志比较缺乏以致不服从这些法律和理性的人。你应当明白，如果你自己敢于违犯共同义务或忽视你的职责，如果你想对我们强加某种非法律所规定的义务,那么,这些法律将立即宣布剥夺你的一切权力:那时,谁都不再听从你的指挥;人们不准你乱说,你得回到我们中间来,作一个普通老百姓,并且必须服从我们的制度。

“我们认为你能够管理我们;我们满怀信赖的心情听从你的审慎劝告的指引:这是我们向自然所赋予你的杰出才能表示的崇高敬意。如果你忠于职守,我们就像爱护老天爷的恩赐物那样爱戴你,我们像尊重父亲那样敬重你:这是对你的奖赏,这是你的光荣,你的伟大。成千上万的普通人——与你处于平等地位的人,满怀热情地关心你的生活和你的生存,能够配得上这种关心,那该多么幸福啊!

“上帝是至善的存在;他使我们成为社会性的人,你要维护我们的这种品质。上帝是整个自然界的动力,他在自然界中维持着令人赞美的秩序,请你也成为我们政治机构的动力吧!在这一方面,你似乎应当仿效上帝。此外,请你记住,对于涉及你个人的东西,你没有其他任何无可争议的权利和权力,你只有和普通公民相联系的权利和权力,因为你不得有其他需要,你不得尝试其他的享乐;一句话,你没有任何更好的东西,也没有任何能使你比其他人优越的东西。如果我们感到延长你的执政期限有好处,或者认为你的某个亲人能够继你之后执政,那么,我们会通过自由选择行事,而不为任何奢求所左右。”

我现在要问:什么法令[1],什么封号,什么古代占有法能够作

① 法令(capitulation)——语源来自拉丁文的 caput,是分章分条叙述的决定。——译注

出反对这一神圣宪章[①]的真理之规定，能够使君主不受宪章真理的约束呢？我说的是，剥夺君主那种使其拥有最高恩惠者的权力并由此变成真正像神一般的人的特权。让人们根据以上所说的去判断政府的通常形式吧！

我已经发现，混乱和一切祸害的起源、原因和发展都与各种社会的腐败的法制有关。现在我力图确定不幸和道德之恶的观念，因为我们的大多数道德家把这些观念弄得异常复杂。然后，我要研究这些谬见对道德戒律产生的影响。

① 宪章——一种永恒不废的法律文件或法令。——译注

第　三　篇

通行道德的特别缺点

什么是恶；恶的不同种类

从本性来说，人倾向于从自己出发判断一切与他有关的事物（而这是为了更快懂得注意自我保全），凡是间接或直接使他不快或触犯他的事物，他都称之为恶。然而由于思考和研究，他学会了对这个总的概念作出区分。

我们把使我们不快的物质变化称为自然之恶。一朵美丽的花、几件有用的产品的毁坏，对于我们说来是一种损失或损害；我们会感到不快和惋惜。某种纯粹被动的事物伤害我们，引起我们痛苦或某些不快之感，如石头撞击就是如此；出于这种事物而发生的偶然事故也都属于自然之恶，我们把这叫做不幸。

出自灵性原因而造成不快、触犯或伤害的作用，即为道德之恶，存心行此恶的人便是恶人。

如果你站到这些令人痛心的关系的反面，你就会得出不同名称的善的观念。由非灵性的原因而带给我们的善，是自然之善；我们从灵性的原因所获得的善，是道德之善。这些原因统称为善因；其效果是善行，我们的感受是快乐，事情本身是成功，我们的景况即为幸福。如果能够的话，我们要尽可能争取缩小那已经够大的、令我们痛苦的事物的范围，并将我们幸福的狭窄界限加以扩大，但我们的道德家们却似乎是以缩小这个界限为已任的。

在神灵面前没有自然之恶

我认为，自然之恶来自我们在自然界中所处的关系和地位的易变性，但这些关系和地位完全没有始因。我不打算证明谁也没有提出争议的问题，即在宇宙的总秩序中，就无限英明的造物主看来，一切东西都尽善尽美，在其创造物中，没有什么东西会使他不快。因而，在造物主面前没有什么自然之恶。再者，自然之恶也绝不会来自创造一切秩序的造物主；因为这是无生命的创造物之间的关系的紊乱，而这种紊乱也就等于无穷智慧中的无知、谬误，这是令人不堪设想的。这对于我们来说，也就是首因之中有着极坏的品质；这种想法比第一种想法同样令人反感。可见，确切地说来，我们称之为自然之恶的事物，即使对于我们来说，也并非如此。首先，因为令我们不快的大部分偶然事件都是由于我们狭隘的眼光不能看到事物的秩序和联系才违反我们的意愿的。我们只看到其中若干片段，由于只能看到它，便以为不完整。这些偶然事件的另一部分，对于我们来说，主要的不是自然之恶，而是让我们摆脱或防范对我们有害的事物之紧急启示。我们还应该不要把这一切事情看作是最高意志存心损害我们所起的作用，而应当看作是来自它的善行。尽管我们像无生命之物一样，不能永久长存，然而我们不能抱怨把我们逐步投进冷漠的虚无之中的盲目原因；我们也就更不能非难善意而明智的主宰了，它之所以能够而且想要我们遭受短暂的变故，仅仅由于这是在他的计划之中；而举凡有理性的活动物都会逐渐感到它的仁慈，体会到其全部价值。

道德之恶只触及到人

从这一切可以得出结论：宇宙中只存在道德之恶而没有其他的恶。道德之恶只对具备理性的人发生作用；只能打击和触犯人。我们已经说过，在原因中有一种放肆为害的存心，那就是恶意；而对感受这种恶意的人说来，那就是侮辱、损害。然而，如果认为神也受这种十分可恶的关系支配，那是荒谬的事情；这等于假定神也和我们一样，变化无常而且会死亡。

有人说，不对，道德之恶不像触犯人一样侵害神，亦即它不能使神悲痛，也不能打扰神的永恒的安宁；不过它能使神不快，这就像我们看到对他人行恶会影响和激动我们一样，虽然我们本身毫不担心受同样的威胁。我们这种善良的感情就是神的善意在我们身上的反映。

我很快就要证明：这种比较虽然在目前的社会状况下有用，然而它却是多么的虚假。它不过是一种有益的谬见，类似我们感觉上的谬误，当人们不再听从自然的教训时，用以弥补这方面教训的缺乏；如果人类服从原始的法律，这种谬误对人就毫无用处。

我认为，如果人没有背离自然感情所规定他做的事情，他就无须想象他的越轨行为会把神得罪，因为，正如我们在上面已经指出的那样，在自然感情的巧妙支配下，人不可能作恶；在这种状态中，一切都向人表明，一切都使人强烈感觉到必须为善。

自然秩序和道德秩序之间的相似

上帝对于人的行为，正如对于世界的自然秩序一样，定下了总规律，定下一种不随任何运动变化的原则；所有事物一旦按照因其单纯性和其成果的广泛丰富性而令人赞叹的计划进行安排时，一切就都会异常协调地前进和运动。似乎全能之主对于次要的原因和特殊的效果都听其自然，要是你愿意的话，也可以说它掌握的是其进程和联系。科学已把人引到相当接近这部机器的总发条，以便让人窥见其端倪。

神始终如一，也在道德世界为人规定了不可动摇的纯洁原则，它要赋予人们以这样的能力，使之自身能够互相保全。正如它让无生命之物进行盲目、机械的运动一样，它把人们交给了一个向导，这个向导深入他们，可以说完全掌握住他们。这就是我们自爱的感情，而这种感情没有他人的帮助便无能为力，于是使我们产生必须为善的良好愿望。我们的弱点，在我们身上像一种惯性，正像物体的惯性一样，它使我们服从总规律，这条规律把所有道德的生物联结在一起。而当理性没有受到任何东西蒙蔽的时候，还会增加这种吸引的力量。

行善是我们第一个道德观念

在我们需要不得为非作歹的训诫以前，早就学习为善。我们的童年时光正是这一美好的学习时期。这个期间让我们有足够时间不受任何恶念侵袭，从而发扬和加强我们的善行观念。

社会性的动物都经历一个与这种温和的倾向所该获得的力量程度相称的童年：其最初的动作是需要的示意，而并非凶狠意向的表示。这个天真活泼的童年，对于受辱只保留短暂的印象，稍微表示一点善意，这种印象便很容易消除。虽然他的激动和忧虑常常好像异常强烈，但这是他敏感的表现，而非堕落的标志；他还是一个什么都不曾尝试而想要经历一切的人。他不会对什么认真生气；他追求快乐，而不顾虑障碍；他直接寻求愉快的事物。由于他还不知道什么会害他，相反的，他却经常得到父母或周围人的帮助，因此这些人的关怀、抚爱、照顾对于他来说就成为持续的爱的教育。而爱不正是一切善行的本源吗？是的，正是由于感到存在着能够给我们造福的可爱的对象，我们也激起同样的为善的心情。我认为，长期的经验表明，这就是我们一出生所作的最初表示；神的善意也希望如此。因此，用不着以下述观点来反驳我，即：既然我们行善的观念会先于为恶的欲念，同样也可能产生这样的情况：当我们生活最初的契机不幸，就会首先使我们产生为恶的倾向。我现在来回答：在人所建立的道德秩序中，可能会这样；但是一向先于道德秩序的自然秩序，至少在短时期内使我们防止这种有害的倾向，如果它得到人为办法的辅助，我说的是通过规则、戒律或榜样来维持和巩固最初的慈善教育，还会使我们永远避免这种倾向。反之，一旦我们脱离了童年，那些力图危害我们的自由人就来教我们模仿他们，于是慈善教育的印象便很快消失了。

什么东西使人摆脱任何道德之恶的观念

因此，肯定地说，在人们当中，这一主要的道德观念，即行善以获善，先于另一准绳的观念，即不欲受害，须不害人。然而，只要你取消私有制，消除那随之而来的盲目而无情的私利，扫除维护私产的一切偏见和谬误；那么人们就不再有进攻的或防御的抗争，不再有疯狂的欲念、残暴的行为，不再存在道德之恶的观念和想法。如果还保留某些痕迹或者旧的残余重新冒头，那是由轻微的偶然事件造成而且不会有严重的后果。争执者之中，意愿的对抗很少遮蔽理智的光芒；这些轻微的冲突，不但远不会削弱自然善行的威力，而且通过意愿的对抗，更使人们感到其重要性：总而言之，正像我们在其他地方所见到的一样，这时社会将只存在某些微小的不一致；这些不一致会提高社会的和谐，无损于社会，反而不致使社会失去生气。

在神灵面前，人的道德缺陷是什么

道德家们从我刚才所作一切论断中会得出如下的结论：既然人是能够而且应当处于幸福状态中的自由创造物，因此当他像故意似地违反恩主的意图时，他就会在恩主面前显得十分讨嫌；道德家们会说，这种灵物如此沉浸在无穷无尽的恶中，而这些恶的危险性又极其容易发现和避免，那他该是太没理性了；因此在神的眼里，人类该是多么有罪过，而且完全值得惩罚。

如果仿效我们的哲学家所使用比较的方法，就不难看出：如果最高智慧判断事物差不多和我们一样，那么与其说人应该受神的怒责，倒不如说应该值得怜悯，他应获得的是扶助而不是惩罚。不过，谁不觉得这种比较是虚假而可笑的呢？

宇宙中没有什么东西会以某些事物使人不快的那种含义和方式使神感到不快；人，这种易亡的生物，如此受局限和如此软弱，轻微的表面干扰就可使他不安，使他为难。尽管我们绝对不会知道神是怎样看待我们称之为恶的自然事件或道德事件，但是正如我已经说过的，可以肯定说，我们看来是紊乱的事物，对于把一切都安排好的无限智慧来讲，不应该是紊乱的。否则，就该指责它的轻率或是恶意，或者把它作为自己也不了解自己的天命。那些主张会发生能够违背神意或神之意志的事物的人，不管作出如何努力，也无法规避这种一下子就自然而然提出的异议。

的确，如果人在道德行为方面有触犯神，即有令神不满意的地方，如果我们称之为恶的东西在神的眼里不是普通的缺点，即不是作为在人世间自我管理的人的能力的自然局限性的必然结果，如果这种恶不是简单的疏忽，即不是本身就包含惩罚和补救办法的过错，那么，就应当承认：一切人类所服从或被迫服从的制度和人为的法律，就是总的应受惩罚的大罪恶，因为它是万恶之源。然而，按照这个假定，那就得指出：神应当惩治我们的所有智者、所有立法者；因为正如我们已经证明的那样，这些人搞乱了自然的规律。可是，照他们说来，他们却没有罪过，他们的意图是世界上最好的。

至于其余的人，那又有什么可以归罪于他们的呢？即使他们陷入谬误之中，而且这些谬误日益增加，代代相传，到了不可克服的地步，毕竟这也不是他们的罪过。因此，如果某些普通人即便按我们道德家的原则看，因为这些谬误而致不得不成为罪人，由于这是无意的恶行，其整个体系已先于他们而建立，难道他们没有理由借此为自己辩解吗？堕落的致命急流早已形成，这些不幸者几乎不可能逃离它在自己流经之处所留下来的众多的深渊；究竟谁是罪人：是造成深渊的人呢？还是落入深渊的人呢？

你们在制定法律的时候，已感到这些法律一定要被违犯；由此你们就该知道这些法律是多么不完善。你们进行惩罚；为了维持法律，你们别无他法。你们为什么要让神替你们的过失负责呢？怎么！你们希望神因为有人不服从你们而发怒，要神对于在任何失职界限之外的行为替你们进行报复！

有人会反驳说：上帝应当像人所做的那样，惩罚那些失职的人，因为，即使人为法律不完善以致可能引起犯罪，但对于犯罪者来说，却不是非犯不可的；还因为这些法律正是为了防止犯罪才制定的，它根据自然，给予训诫以避免犯罪；如果是这样，我就要问你们：这些如此无效和引起反感的训诫有什么用处？你们说是取自自然，我已经向你们证明，它是与自然相抵触的。能令上帝同意这些训诫并把它作为自己的本意，作为以极严厉的惩罚迫使人们遵守的规则，这种真实性在哪里？

或者你们得赞同下述的荒谬说法：1.神为了迎合人的狂热，废除和取消了第一条自然法律及其结论；2.神要改变他本想在理性造物之间建立的原始关系的本质，为的是以某一立法者规定的制度取而代之并授权实行这种制度；3.神为了不让越出人间的改革家安排的轨范，而把本质上并不坏的行为视为罪恶，以此投其所好，由此，按执迷不悟的人的胡思乱想，以为天意会惩罚那些不遵守其规定的人。如果从你们自己原则所得的这些结论会激起良知的反感，那么请抛弃它们而承认较为合理的事物，即：正像我在别处所证明的那样，毫无疑问，只要自然法律完整地存在下去，就不可能有犯罪行为，因而也就无罪可以惩治；如果有一个笨家伙错误地歪曲这些法律规定，或者更确切地说，他自己搞错，无意地把一些不幸者引到违犯这些法律，那么智慧无穷的神就利用他本人来

补救短暂的损失。

在上天的眼里，人的道德之恶仅仅相当于实物的缺陷：明智的上帝不破坏有缺陷的事物，而是使之完善。那些还不是上天有意造成的事物，我称之为不完善的事物。

无论是在实在世界或在道德世界中，一切都在逐渐完善

在自然界如同在人为世界一样，在实在世界与在理智世界和道德世界一样，一切都证明，已确立了一定的完善之点，存在物要逐步才能达到。我们不知道最简单和最有限制的事物的本质；我们不知道这些事物能否突然完善，因而也不知道全能的上帝能否一下子使其达到这种境界。我不想对应作肯定或否定的回答提出争议；我只想指出其过程的显著的外在方面：我所看到的事物的现象向我表明，在任何地方，直至苍蝇的翅膀都有一个逐步发展的过程；我感到，我觉得我的理性在进步：因而我可以有根据地说，依照绝妙的类推，道德方面也在向好的方面发展；而自然的法律，不管其如何有力而又温和，也只能逐步取得完全控制人类的威力；因此，结合起来的各民族，与其说它们明确认识什么社会是最好的社会，倒不如说它们最初感到一般社会的用处。仅仅经过一连串的道德上的谬误，经过千百次经验以后，人类的理性才终于发现：任何状况都不能比单纯的自然状态更美妙；但是如果各民族没有经历多种政体，经历多种制度，而这些制度的缺点早晚要促使所有人赞同自然，那它们怎么能够知道这点呢？

几乎所有民族都有过或仍然有着关于黄金时代的概念，那正是在人们当中存在完善的群居生活的时代，我已经揭示这种群居的法则。也许这种原始的纯朴生活在好几个世纪中仅仅是无意识地实行，因而易于变质。这种变坏导致野蛮和掠夺行为，而其祸害反使人类了解他们的原始状态的价值；他们试图通过法律去重新接近黄金时代，这些法律长时期来非常不完善，后为其他较少缺陷的法律所代替，而后者显然又将被更少缺陷的新法律所取代，如此下去，一直至净化的理性习惯于不再无视自然的训诫，而经常只有处于其影响之下。理性造物在达到这种幸福境地的时候，就会获得一切美德或具备他所能有的道德上的完美性：大概上天正是通过这些阶段把人类引向完善的境地的。人们经常说，王国也像人一样，有它的童年、青年、壮年和暮年时代，对于整个人类还不是一样？人类通过一系列的变革，将会达到恒久的纯真无邪的状态。

但是我们且把这些假说放下，以便确定道德之恶的观念并规定其正确的范围。

道德之恶的正确范围

在自然中，对于神来说，既没有实在之恶，也没有道德之恶；也就是说，在神与创造物之间，不存在任何令神不快的关系。

假定人服从于自然的原始法律，对人来说就没有道德之恶，亦即不会为害与受害。他只是在某些社会的专横的法制之下才会做出这种恶事并成为罪人；而这些社会也跟建立它们的凡人一样，各不相同，而且其风俗习惯常常彼此截然对立，甚至于一个社会认为是道德之恶的东西，在另一个社会里却常常是善事或是值得赞扬的行为。各民族过去和目前的状况都无可置疑地证明这一点。在这里谴责的却是别处许可和要做的事。因而就这方面来说，道德之恶相立法者的胡思乱想那样，纯粹是变化无常的东西。这种恶受到另一种同样短暂的恶的惩罚，是合乎情理的；它纯粹是由于任意变动的偶然事件的次要原因而导致的结果；这种恶和神能有任何关系吗？

人是自己自由行为的独立创造者；自由行为的目的和动机除了人的自我保全和幸福之外别无其他；而这是极为短暂和完全受目前人的能力所左右的事情。然而，既然这些行为只有在某些情况下才对于自身或对于同伴成为好的或坏的行为，那么要说人的为恶十分偶然或带有条件，那的确是这样的。如果把条件和原因（这大部分是不依人为转移的）除掉，那么人就不可能变邪恶，也不希望或继续成为邪恶的人。

造成一切恶的暂时原因也就是其补救的手段

我不断重复地说，只要你废除私有制，你就永远消灭导致人们作出绝望的极端行为的千百种偶然变故。我要说，人摆脱了这种专制，万万不可能去犯罪，万万不可能去偷窃、杀人、侵占。现在是让准许私有制的法律惩治人的这些罪行；人还受到内疚和恐惧心理的惩处；这种内疚和恐惧是人在其中受熏陶的道德制度的观念之产物。但是，对于坏蛋的最严厉的惩罚，是那种可说是天生为善的第一感情。这种自然的内在呼声，尽管在人们身上已降为不损害他人的冷漠的训诫，但还是有足够的力量使罪犯深深感到其威力。

你们说，大多数人由于害怕目前和将来的惩处和刑罚而停止坏行为；你们这些软弱的庸人，得用多大力量来防止某一狂人对你损害啊！如果神没有在人的心灵里灌注不可磨灭的正直，这一切都是没有用处的。好人珍惜正直，不为任何恐惧所左右；坏人甚至没有受到惩罚，也为丧失正直而懊悔。只有这种正直才可以惩处和制裁犯罪，比车磔和绞刑都更为有效：Ille (Deus) legis hujus inventor，disceptator，lator：cui non parebit，ipse se fugiet ac naturam hominis aspernabitur：atque hoc ipso luet maximas pœnas，etiamsi cœtera supplicia，quœ putantur effugerit ... suum quemque scelus agitat，amentiaque afficit：suœ malœ cogitationes，conscientiœque animi terrent，hœ sunt impiis assiduœ domesticœque Furiœ[①]。上天已作了这样的安排：人为法律无知地践踏自然感情，它的严厉性与这种感情力量的削弱联系在一起，从而由它去补救它使自然感情遭受的损失。这种感情本身，经过堕落行为的狂热之后，又重新恢复其全部力量，并成为可怕的爱夫门尼德（Euménide：希腊神话中的复仇女神。——译者）帮助人为的法律去惩治罪行。这样，像以一种冲击抵消另一种冲击一样，无知的随意动机引起犯罪；而同样出于无知的行动用作消除犯罪的

① 正是由它（神）来创造、确定和公布这一法律；谁不服从它，谁就是自暴自弃和轻视人的本性；从而他就要受到最大的惩罚，即使他躲过了其他可想象得到的苦刑……每个人都因自己的罪行而苦恼并陷入狂乱之中；每个人都害怕自己坏思想和灵魂的内疚；它对于渎神者来说像紧紧缠住每个人的复仇女神。（西塞罗：《论国家》，第4篇第I章。）

有害后果。用暴力去消灭暴力。于是,对于会受这种关系损害的人来说,什么也不复存在,只剩下纯粹的理想之物了。

精神和内心的矛盾的真正原因

如果来看看那些大家简单称之为恶习的人的行为(其恶劣程度比违反自然的行为还轻),就会发现:天哪!人们把多少幼稚、古怪、可笑的做法与善恶的道德观念联系在一起!这些做法与自然毫无关系,甚至妨碍自然,违反自然,但却对众人的理性有着极大的影响,以致他们往往将此当作神意的安排。一旦遇到自然不管理性而摆脱无益的限制的时候,能否将自然的抗拒视为反叛呢?能否说人的意愿使人听从恶而违背理性之光呢?这些所谓光明其实不过是暗淡的火花;因而无怪更明智、更有力的自然常常以其感情使意愿与理性对立并似乎嘲弄理性的训诫。

这正是我们那些道理一大套的道德家们所无法解决的难题。他们说,人的内心是难以捉摸的迷宫,人们无法认识其曲折隐蔽之处。这是由彼此永远斗争的对立成分所构成的奇怪的混合物。既然尽管有理性这个向导,人还是每步一跌跤,既然每时每刻都看到人违背自己的观点、违反似乎是最确信的原则而行动,最后,既然没有什么比人的行为更自相矛盾,那么,理性对于人又有什么作用呢?

奥维得说:Video meliora proboque,deteriora sequor[①]。

① 我看到什么是善,也赞同善,但我却在作恶。

原因十分简单：那就是你们的偏见、你们的谬误、你们的荒唐主张，一千次有一千次与自然的明智影响相反。但是，内心却感到自然的迅速而可靠的启示，并好像在嘲笑那看法错误的理性的无用的学究气。

请你们把古今斯多葛派、帕斯卡尔派、马尔布兰什派、迪盖派[①]和我们几个最优秀的诗人对人类所发的一切讽刺或伤感的胡言乱语收集起来；请你们按我们的原则对此加以研究；你们就会看到人类受他们责备的那部分行为都是些微不足道的小事；此外，你们会认识到人为什么纠正不了理应受谴责的行为；你们会明白为什么这些批评家如此巧妙地胡说乱道。最后，你们会明白下面的现象是怎样的并从何时开始的：

Loin que la raison nous éclaire
Et conduise nos actions,
Nous avons trouvé l'art d'en faire
L'orateur de nos passions,
C'est un sophiste qui nous joue,
Un vil complaisant qul se loue
A tous les fous de l'univers
Qui, s'habillant du nom de sages,
La tiennent sans cesse à leurs gages
Pour autoriser leurs travers.

① 迪盖(1649—1733年)：著名的冉森教徒，著有许多神秘主义的作品。——译注

Rousseau①

这是由于理性的这种滥用，我们大部分杞人忧天的自称领会神意的人士才大声疾呼地去责备人。他们和自己所责备的人一样，也是同样古怪，同样不可捉摸。不过他们有时同情不幸者，为了安慰他，向他道出我们著名诗人的诗句：

Malgré l'épaisse nuit sur l'homme répandue,
On découvre un rayon de sa gloire perdue:
C'est un roi qui, du trône en la terre jeté,
Conserve sur son front un air de majesté.

Racine fils②

难道这不是宝贵而有益的发现吗？

① "不让理性启示我们，
不让它指引我们的行动，
我们却有办法使它
成为我们欲念的辩解者。
它是玩弄我们的诡辩家，
是一个卑劣的奉承者，
它投靠天下的狂人，
这些狂人把自己装扮成贤人，
不断的雇用它
为自己的胡作非为辩解。"

卢梭（系指让·巴蒂斯特·卢梭）

② "尽管浓重的黑暗把人笼罩，
但还能看到他消逝的光彩的余晖；
他是从宝座上被推下来的国王，
额前还保留着君主的严威。"

（小拉辛）

我们的原则不容许恶习和罪行

要有优良风尚、警察、法律和政府；人人都这么说，我也同样热衷支持：为此设立的规则，要从自然中汲取。但是自然是易受腐蚀的；人的欲念是能燃成火灾的烈火。因此不要使其靠近易燃物品。人的理性是为认识和了解自然的过程而创造的，不然，这个向导对我们有什么用处呢？我承认，不管原始的自然法律如何明智，亦不足以治理人们，但是只有当这种法律空泛而不明确的时候，情况才是这样。理性的任务，即才能的任务就是要搜求、集中、整理这些法律，使之联贯起来并作出明确规定。这样，败坏自然之物不再是自然；自然的真实意向，即真正的指示在发起暴力的地方不复存在；同样，举凡离开自然原则、建立在错误的立场上、把非自然之物当作自然的任何制度，都不复是那种能够模仿和追随自然这位英明导师的办法。这不过是可怜而盲目的因循守旧而已。因此，我在本文攻击的，只是这种胡乱现象。

因此，请不要责备我以取消一切道德之恶并使人摆脱任何恐惧、任何内疚的原则来推行罪恶。没有什么比这种指责更带有明显的诽谤性了，因为我的任何论述，我的任何准绳，非但不鼓励任何腐败行为，恰好相反，无一不是力图消灭一切邪恶，甚至使其不可能产生。

在我指出一切罪恶的始因及消灭这种始因的手段的时候，我以使犯罪成为不可能的真正办法，即以令人极端厌恶犯罪而终于使人复归于善、重获本性之正直的办法，来代替无力的恐惧和无用的内疚。

当我说在上帝面前没有任何道德之恶，它不为罪行而生气，它不像我们所想象的按自己类似的办法去惩治罪行的时候，我同样认为，神的智慧以其在道德方面、即在人的行为方面所确立的秩序的万无一失的效果，可使得凡是损害人者都受同样的祸害制裁。没有罪行不受到惩罚，而同时经最高惩处以后，就不再有犯罪的了。

我之所以指出，无限完美、无限善良的人的观念绝对排除那种其严酷使祸害长存下去的固执复仇者的观念，那是因为这种观念只能适合于人。人是易受触犯的，他只能以使人害怕和恐怖的手段才能免于受害。正是为了免于受辱，复仇者才在犯罪者的痛苦中获得快乐。如果不受任何触犯而却在这种残忍的行为中得到乐趣，那会是什么人呢？

企图用幻想来说服我们的骗子或狂热信徒，你们愿意怎样吵嚷就怎样吵嚷吧；你们空洞的论断绝不能扼杀这条像数学的第一公理那样明显的真理：如果全能和无限智慧结合在一个人身上，那么，全能不会去惩罚，它会使事物完善或者使它消灭。请你们选择吧。

在宇宙中，一切都是善。上帝允许人的理性这一创造出来的神性，在神的不变法律之旁或相近的地方，创制和设立自己的法律，并允许理性本身成为道德世界的创立者；而这种道德世界的机构已足可适应人类目前和暂时的状况，正像房子足可为建造者或居住者在生存期间所使用一样。

你们这些要参预教导人的庸人，我所以要谴责你们的宪法、你们的法令，仅仅是因为你们把这些训诫作为永恒真理向人们兜售。

让人们把这套东西看成是可假定为真实的结论（较之于你们最初的老师凭想象所拟定的制度而言），你们就该以此为满足了。

你们这些愚蠢地谈论上天永恒旨意的人，你们竟想把上天的无穷智慧与你们在人间决定中看到的怪诞的东西调和起来；你们那些堆满我们图书馆的荒唐的东西并不比小儿的呓语高明。天哪！为了替你们归诸于无限理性的不智行为辩解，你们做出多少荒谬的行为！但是，我不打算讨论这个问题，我只限于像塞内卡（Sénèque）那样对你们说：Quid interest utrum Deum neges, an infames?[①] 你们在这种情况下为什么要斥责异教徒，说他们信奉可笑的神呢？难道他们不能有力地反驳你们？

我已经对道德的善和道德的恶到底是怎么回事作了说明，现在我要考察人的行为所以变坏的原因了。

人的一切行为的主要动机与社会一切和谐的原则

毫无疑问，人的一切行为的动机或目的是希望幸福。同样不必怀疑的是，这种希望是人为了认识自己的存在并为了自我保存这一基本属性的结果，一句话，这种希望是我们感性所产生的结果。然而，这种感性为了使我们迅速而有效地服从其规律，得首先使我们不加考虑和不假思索地把一切归到我们身上，使我们认为一切东西都为我们而造，如果没有我们，那么一切存在之物都会毫无意义；唯有感性可使人像提贝里乌斯（Tibère）皇帝那样宣布：

① 否认上帝与侮辱上帝有什么区别？

Me misceatur igne terra mortuo. [①]

上天正是根据这种感情的力量甚至是猛烈的作用而得出社会一切和谐的原则的。我已经指出，这种运动在独一无二的有感性的创造物中，几乎与加于一个单独物体的局部运动一样。物理学家们说，这个物体，在其自身运动时，始终是沿直线进行的。简单说来，感性在我们身上等于加于物体的最初运动，它很快失去其单一性，而引起物体之间繁多而美妙的组合。神正是根据这些几乎类似的规则来创立和管理道德世界的。不过，我不要再进行这种并非所有读者都能明白的比喻了。

人始终不渝地谋求幸福；他的软弱无力不断提醒他：没有他人的帮助，无法得到幸福。他也知道，怀有与他同样希望的人是无穷无尽的。他每时每刻都相信，他的幸福依赖于别人的幸福，而行善是他当前幸福的首要和最可靠的手段。仿佛一切都向他呼唤：**你如果希望幸福，那就行善吧。首先不要为幸福决定于谁这个问题而操心，要知道的是，如果不行善你就不能享受幸福。你想达到受造物主所赏识的程度吗？那就请你行善吧。**

人为什么对这种忠告置若罔闻，而听从完全违背其幸福的意见呢？

那是因为通行的道德和政治颠倒和歪曲了大部分观念，以及这些观念的次序和连贯性。

因此，我们要努力去辨认和遵循自然界的真正踪迹，发现足以中止其进程、妨碍其成功的东西；我们要说明纠正这种混乱的真正

① 我死之后，就让火把世界烧个天翻地覆吧。

办法。

道德观念的真正连贯性和进展；用以证明道德观念的假说

我认为：1)在自然秩序中，不管是主动或是受动的慈善的观念，都是先于其他任何观念，甚至神性的观念的；2)只有这种观念能够将人提到神性观念的高度，它较之宇宙景观的作用更快、更可靠；3)慈善使我们对神产生一种真正与其伟大的目标相称的观念；4)只有善行能使理性的效能完全完善，并使其发挥自己的真正作用；5)人的神性观念仅仅是随着慈善观念的丧失而变质的；6)我说善神的朴素观念绝不是偶像崇拜，只有那种向我们描述上帝既作恶也行善的观念，才能给予它偶像崇拜的名称；7)凡是让人对于神产生这种观念并以此作为其学说基础的道德，都是极端恶劣的道德。

慈善是神性观念的第一原则

首先，唯有慈善观念比宇宙外观更迅速更可靠地把我们提到神性观念的高度：这种看法开始时不大打动我们，所以我们享有它时也不忖度它的原因，并且也不大关心探求这种原因。

我们小时候有无数的事物比装饰品、院墙甚至比我们所住的地方都更接近我们；使我们产生好感的首批事物，就是我们最初崇拜为神的对象。

说明神的观念怎样形成、发展和完善的第一个假说

让我们暂时假设：没有任何东西能损害我们或违背我们最微

小的愿望;而相反一切都迎合我们的愿望,这样我们就会产生某种事物是好的观念,尽管我们还没有行善为首要原则的观念。下面来看看,按这种假说,也正如按任何其他假说一样,我们是怎样达到这一点的。

神性观念仅产生于对自然感觉的思考

由于经常接触好几种物品而来的重复感觉产生记忆,并引起比较,而比较则能打开鉴别和思考的大门。于是,我们开始判断最与我们接近的事物的性质,并依次地给予这些事物以美丽、良好、优秀的称谓。

感觉和记忆并行,或单独运用,或与思考同时工作,与思考一道拿现在的事物与现在的事物比较,或拿现在与过去比较,观察事物性质的微细差别和优劣程度,发现事物未被察觉的特点,由此及彼,由近及远。这样,理解力逐渐达到有关崇高的初步概念,而由此所产生一系列的新观念终于把人提到至善之人的观念的高度。

宇宙的景象只不过令人扩大神的观念

与大部分哲学家所主张的相反,导致我们产生某种神性观念的,既不是宇宙的景象,也不是对于我们的偶然性和宇宙偶然性的思考。诚然,这种观察有助于这一观念的完善,但是当我们的鉴别力引导我们进行这种观察时,我们就已经有了一般的慈善观念。我们的感性以之为向导的就是这种观念。正是它使我们达到善人的普遍观念的高度。其他观念都是作为它所经过的环境,它从中获得使自身完美的色彩。

由此证明：这个体系也和在其他体系一样，慈善观念应是神性观念的基础和原则。

此外还证明了：处于恒久的纯真和幸福状态的人，除了至善之人的观念之外，不可能有其他的神性观念；而这卓越的主宰者会愿意只以这样独一无二的名义为人所认识；它在感知观念的秩序中，在由小至大、由大至无穷的进程中，也会只愿意成为人类认识的最后对象：这是至善的令人赞叹的新效果，这种效果通过如此有趣的阶段才通达人类的心灵！

神的观念是怎样逐渐完善的

我们以上所述自然而然地导致提出这样的问题：根据这个假说，是不是所有人都会具有同等崇高的神性观念呢？我认为，这一观念的程度是与才智开化的高低以及所能接受文化的多少成正比的。甚至会发生而且的确已发生这样的情况：一个对善只有粗浅观念的人，以为神存在于他认为美好的事物之中，而另外一个有学问的、经验丰富、洞察力强的人则可以达到不可估量的高度。

由此，在这方面一个民族愈是通过经历和运用大量美好而有用的事物以增进自己的认识，这个民族就愈变得灵巧、老练和精神高尚，它就愈远离关于神的无定型的这种粗浅观念，而这种观念在其他民族中还可能保持着。

第二个假说：按这种假说，神的观念将达到新的完善程度

让我们把易于感受善行的创造物置于使其更感到善行的重要

性的其他环境;让我们把人置于使其能通过大量的比较以进一步扩展自己的相对观念的境地,这就会使他了解善因存在的必要性及其自身行善的重要性的境地。这种重要考虑从而使人能就其认识范围尽量扩展神性观念。

由此,我们假设人处于完全纯真的状态,在这种状态中只有无灵物才会危害他的生存和幸福,然而他可以单独地或依靠同类的帮助来防止这种危害,而其同类总是愿意帮助他,并和他一道关心他的生存和快乐。

我认为,第一,按照这第二个假说,如同按照前一个假说一样,人通过同样的步骤获得善良之神的观念,但其不同点在于,第一主宰者会使人遭受偶然不幸,这种偶然不幸向人表明:上天的意图是要创造物本身也是行善的。还有一点不同,按照前一个假说,人几乎只有纯粹被动的善的观念,而按照这一假说,人除了具有接受善行的观念以外,还学习由自己去认识为善是怎么回事。于是,创造物本身就产生某种感到自己与神有相似之处的观念。由于人的特性倾向于自认为是最完善、最可爱的创造物,这就使人相信,第一主宰者高于人类,正如人认为自己高于其他存在物一样。因此,人类愈是对一般慈善怀有高尚的观念,它对于神的观念就愈崇高;而有助于人防止人世间发生偶然变故的那种机灵和谨慎,以及因避免了这种变故而产生的快乐也就更进一步加强了关于至善之人的观念。因此,无限智慧的观念就从凡人的观念引导出来了。

至于不幸的变故,在这种体系中也像在我们的体系中一样,人们的思考习惯于把它看作是能唤起对于最高善人的观念的启示,

看作是能使人关心自我保全的启示，而不将其视为真正的祸害。此外，理性往往使人们觉得这些变故只在某一方面有害，而一般来说，却都有良好的效果。

因此可以得出结论：在第二种体系下，人具备的对于神的观念比第一种体系下还高。

这一切也都证明我的第四个命题：慈善借心灵的感受使智能完善。

必须指出，在上述两个假说中，人对于神还没有任何观念以前，可以说也就本能地为善，而不是由于任何恐惧所使然。

必须看到的第二点：人用不着法律也不需要道德，因为他不必担心同类对他行恶。

第三，由于人把神的观念仅仅和他认为是善的事物联系起来，尽管无知令他把这种观念加之于毫不神圣的事物之上，这也并不是比我们中间的平常人的粗俗观念更为严重的偶像崇拜。

第四，尤其在第二个假说中，人乐于行善，正如他希望幸福一样；因为假定他不倾向于任何恶习，他就会把行善作为自己幸福的最美好的部分之一。

在什么体系中神的观念能日益完善或受糟蹋

我们把人置于第三体系，即正是他现在所处的体系之中。

我认为，这种状态跟前一种假设的状态一样，也具有全部这样的好处，即人在服从简单的自然法则的情况下，必须进行互助。人从中获得完善智能和心力的同样的手段[①]，获得使我们的智慧和至善的观念趋于完美的同样手段，以及获得慈善和幸福愿望之间同样的相互促进。

但不幸的是这种良好的倾向可能发生变化，而人可能自我损害，并危害自己的同类。只有一条原因可以引起这个巨大变化，而且一切都在证明：那就是**私有制**。人能够认识这种危险并且防避它：如果危险一旦发生，那么毫无疑问，深渊的景象以及自然所提供的避免危险的简易办法本来还会令人对慈善和神的智慧产生新的仰慕，并且会使人更坚持这种获得幸福的唯一手段。

而事实却相反，千百种变故使人离开纯真和正直而促使他们从事强盗的行径。有人要问：为什么上天允许这种灾难性的变化呢？

我不知道。但是，我不像你们那样，指责上天让人去做本来它可以阻止的恶行；我可愿意指出：要不是这种恶在上天看来不算什

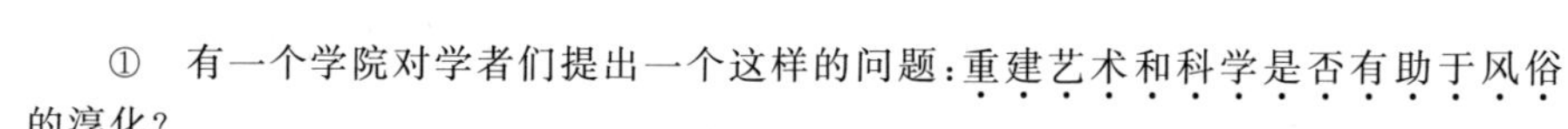

① 有一个学院对学者们提出一个这样的问题：**重建艺术和科学是否有助于风俗的淳化**？

这个问题按前两个假说很快就可以解决，按第三个假说，如果各民族未受**私有制**败坏的话，也一样可以解决；毫无疑问，知识广博只会使人变好。

我认为这个著名的学府真有点爱开玩笑，竟把奖金授给了对这个问题作了否定回答的大胆的诡辩家（注：摩莱里这里指的是卢梭）。而这个学院本身也故意嘲弄理性，竟把艺术和科学教会我们对大量无聊的事物表示公正的蔑视，说成是**败坏风俗**。它也认为下列事物是败坏风俗：恶习日益减少，伪善逐渐消失，那种自我约束以取得非难他人的权利的粗暴而迂腐的阴郁性格变少，生活方面的随意和自由增加。它没有看到，或视而不见：艺术和科学使人懂得社会的真正乐趣、驱除野蛮行为、增进我们的快乐，尽管好像在某些方面激起我们的贪婪心理，但并不是这些知识本身存在这种有害的性质，而是因为这些知识不幸地和各种道德败坏的毒素掺在一起，这种毒素污染它所接触的一切东西。

么，就是这种恶不过是短暂的偶然现象，万能之神有意通过它把人类引到为善的永恒的境界。

我在这里主要的任务是指出：道德家与立法者一样忽视或不懂得以简单而自然的手段使人脱离最初的迷误，而这种手段不管恶行怎么样，它是始终存在着的。他们不仅没有利用这种手段，反而好像与恶习串在一起来败坏慈善观念与神性观念。

人类行为的腐败怎样影响到神的观念；应当如何防止腐败

当我在第二篇[①]所说的变故窒息了民族的血缘感情的时候，当人们停止为善的时候，他们行为的堕落自然使他们产生如下的观念：与其说神行善，倒不如说它可怕而富于报复性。我们人类就不可避免地成为最可耻的私利和千万种幻觉的恐惧的卑贱奴隶，而无数愚蠢的谬误使人觉得好像看到整个自然、甚至自己的感情都在与自己作对；人终于不得不成为自我厌恶的对象，并以为造物主会对人怀有类似的憎恶感情。人自己的狂怒和悔恨、宽恕和冒犯、怜悯和残忍、慈爱和憎恨、高傲和卑贱的冲动，一句话，人作恶与为善之间的永恒摇摆也就必然使人造出类似于自己的神的形象。我顺便提一下，这就是现在还存在的偶像崇拜的真正起源。

那些主张对这种祸害进行补救的人（我指的是，最初的改革家，其后是最初的道德家），为了建立他们的法律或信条，恰恰利用了各民族所形成的各种奇怪观念，人们能原谅他们这种做法吗？

当人民对自己的恶行感到厌倦，而开始追求社会性的情意，并

① 见本书第27页和以后各页。

听从他们认为能够恢复这种社会性的那些人的命令和忠告的时候，给他们指出，并激起他们憎恨他们全部祸害的首因：私有制，这难道不是轻而易举的事吗？无需进行长时间说理便能使甚至最愚笨的普通人了解永远废除私有制的必要性。这对于某些立法者来说，难道比推行可怕的法律还困难么？一点也不是。然而立法者们不以这种巧妙的办法使人恢复其自然的善行(人近来的不幸使其感到善行的全部价值)，不让人永远处于这种幸福的境界，却反而可说是把人悬于这一支点和深渊之间。

但是，这些跟他的人民一样陷于谬误而不自拔的改革家们能够不跟随错误的潮流么？他们能够一下子认识祸害的真正原因么？毫无疑问，对于他们来说，能胡乱用几种药剂就已经不简单了。如果说由于他们无知可以原谅他们，那么能原谅那些跟随他们的所谓智者吗？这些所谓智者错上加错，并以此作为他们的行为和戒律的基准。难道时间和经验不会使这些聪明人认识最初的法律的缺陷吗？只要他们稍加留意，他们就会发现：所有与虚妄之物联系在一起的关于善恶的虚假观念，只能产生徒然的恐惧和空虚的期望；这种恐惧和期望不但不能使人有良好的行为，不但不能使人克己尽责，反而只会败坏和削弱其动机。他们应当看到：私产和私利的观念总是支配每个人为一己的幸福牺牲整个同类，而这种观念总是超过对最严厉的惩罚的恐惧。

被哲学家们所忽视的人类行为堕落的显著原因

自从有哲学家以来，好像他们当中没有一个人曾经愿意观察和承认某些主要道德现象的显而易见的原因，这是可能的吗？

I.最恶的民族是最迷信的民族

首先可以看到，最凶残、最热衷掠夺和经商营利的民族就最倾向于犯罪，而且都几乎总是设有最可怕的法律和供奉最厉害的神祇。例如：泰尔人①、西顿人②、迦太基人、日耳曼、高卢和西班牙等的若干民族就是如此。

根据这一观察，不难得出一个普通的结论：凡是最有意为恶的人常常最倾向于信奉恶神的观念。一旦他们认为这个可怕的偶像也差不多跟人一样，热衷于财富、赠品、嗜好流血、屠杀和掠夺，他们就对自己的同类毫不留情。他们什么也不害怕，因为他们以为，用一些礼物和祭品就不难使这种贪婪之神息怒。因而，这些野蛮的民族没有任何善行的动机，而只有对人的恐惧，这种恐惧却促使他们采取奸诈的手段；或是他们只有对神的恐惧，而对神的崇拜并没有使他们的状况和内心变好。

人们还可以看到，凡是专制主义盛行的地方，就出现同样的征候；正是同样的谬误、同样的偏见败坏人对于神的观念，把神作为万物之中的最厉害、最可怕者。我认为，有人会看不到这种虚伪观念也曾使某些君主成为最残酷的暴君，而他们的丑恶政权的可怕魔影又反过来败坏对神的观念的吗？穆斯林们，你们的先知给你们描绘的宇宙之主的怪诞画图，模仿的正是这种样板；你们的学者把你们禁锢在这种观念之中；他们的贪婪和野心从中得到满足。

① 泰尔：腓尼基的奴隶占有制的城市国家，约在公元前3000年初出现。——译注

② 西顿：腓尼基古代的商业和政治中心。现今黎巴嫩的小城赛义达就在西顿的旧址。——译注

II.哪些民族的迷信做法败坏道德行为

其次，如果我们的智者愿意认识什么东西开始败坏行善的动机，或者相反，什么东西促进恢复行善动机的纯洁性；如果他们愿意发现堕落和纯真之间的摇摆点（这使人动摇于真正的仁爱义务与大量被称为善举的琐碎的事情之间，这些事情阻止人为恶，而却没有使人成为善人，像是把人架空在这二者中间），那么，他们只要观察一下受着法律、受着可说是一半由希望一半由恐惧构成的道德所支配的人民就可以了。他们会不难看到：一个民族的这种有害的均衡，就使它随时会回到野蛮状态，或者，如果它幸运地抓住了有利时机，随时可能再接近自然的法律。

III.最人道的民族的特性

第三种十分显著的现象，那就是：全世界中最人道、最温和的民族向来是那些几乎没有私产或还没有普遍建立私有制的民族；因此，这些民族最无私，最能行善，至少对自己的公民是如此。同样值得注意的是，这些民族大部分只崇拜那些他们认为是神圣的事物，如太阳、星辰、自然力等；因为他们感到其造福作用；他们完全没有司祭人员，或者有也很少。如果这些民族对神的观念能比其他民族更为完善而又不改变其风俗的话，那么不就可以由此得出结论：对于那些回到这种幸福状态的民族，从各方面来说，情况也会是这样的吗？而我们的智者能不知道把各民族带回到这种幸福状态的真正办法吗？他们能够不感到自己道德体系的缺陷吗？

IV.人中的最恶者通常是什么人

第四种普遍现象是：任何地方，最凶恶的人都是最自私、最吝啬、最狡猾的；这种人最会寻找和制造种种借口来逃避行善的义务。他们十分巧妙地把对于这种义务的观念转而用到对人类毫无实际好处或道德益处的事物上去。他们把迷信的做法抬高为重要活动，把训练人们搞这种鬼把戏而花的工夫作为伟大业绩而加以炫耀。因为我认为那些以这种行为博取我们尊重和敬仰的人，获得富裕、舒适、清闲生活的人，甚而至于借此统治他人的人，可以说都是最凶恶、最堕落的人。研究一下，什么样的人的丑恶性格一向由这些恶习造成的，就可以看出，这种丑恶性格向来是那些竭力给人们灌输对神的最怪诞观念的人的标志，而这些人却自称是神的朋友、神的意志的执行者。这种舆论对于他们来说，竟成了福利的充沛泉源！我们有什么不归功于这些半神之人呢[①]！这些败坏或抛弃一切善举的动机的人，这些使人背离善行、中止善行，或将善行用在没有用处的事情上而却善于利用这种缺德办法去压制普通人的人，他们的心中已经没有任何慈善和仁爱，难道结论不正是如此吗？

从上述观察中所应得出的结论

经过这一切观察之后，不就很容易得出这样的结论？即：真正的善是我们人之爱的果实，不受任何错误的或无聊的恐惧和希望所左右。我们就来解释这点。

---

① 请看看神的勤勉的供奉者这样一位大主教或隐修士吧；不管他们装出什么模样，马上就会自认为是神的一个主要宠信者；但神的主要宠信者是圣人，而圣人是要受其他一切凡人尊敬的，因为他是上天命令的解释者。多少有利于自私目的之结论都是由此而来呵！

慈善不应当依存于哪一种恐惧和希望

我认为慈善应当独立于一切错误的恐惧和希望；而由于偏见的势力，这种恐惧和希望正激起人们最强烈和最有害的欲念。还有其他基于艰苦的现实而产生的恐惧和希望，如果人持久行善，这种恐惧和希望就不会搅扰我们的宁静，因此这种为善的优良品质也不依这类恐惧和希望为转移，正如不依错误的恐惧和希望为转移一样。

相反，请看看这种行善的可喜作法的因素或初步教益是怎么样的。自然的忧虑、温和的本能促使我们为保全自己而努力，而不干扰别人的安全，也不叫我们自己受痛苦。我饿了，我渴了，我想满足这些需要，我希望找到满足的手段；我的愿望不会落空，我肯定会找到人帮助我。我要求的好处只是被推迟了一会儿，但它一定会到来。正是这种愿望促使我同样为他人服务。

我发现某种有害的事物，我逃离它，我避开它。大家也来帮助我。这是一种健康的恐惧，但它并非由任何理性创造物所引起，也不能使我自己做出任何伤害别人的事情。前一种感情使人为善，后一种感情也不会令人变坏。

反之，受前途未卜的担心所干扰的愿望，由于得不到任何人的援救，或由于只感到坏人加害而产生的可怕的恐惧，都不会使人倾向于真正为善。我认为慈善不会产生于希望，也不会产生于恐惧，正是从这个意义上来说的。

从这一切以经验为基础的推理中，可以得出如下的结论：为了使人本性的正直恢复其全部完整性和生命力，道德应当运用其他一切不同于通常所用的戒律，以使人变善，同时不从其他任何考虑出发，而只考虑人的真正幸福。因此，我们正可以责备的是，道德在破坏这一最强有力的动因。

道德应从何处开始它的教诲

的确，为什么从最初几课开始就把人造成某一主人的意志的奴隶呢？可以设想，他那时还不知道主人是谁，他仅仅在学习获得幸福的过程中，才学习认识主人。人们啊，请你们为善吧，上帝要你们这样做，命令你们这样做。多妙的开端，多可笑的劝勉！把什么是善、怎样顺利达到善的方法，并由此而带来的好处都教给人们吧，对于神的观念听其自然好了；它用不着你的教诲而自会发展。如果你竭力促其早成，那就只会把它弄坏。你只要这样去想，即使这一观念从未发生，人也能将行善视为自己最高的幸福，这也就足够了。不要害怕他始终是个无神论者。幸福和纯真从不把任何人引向无神论的。人们对神的观念应当来自规劝性的戒律，来自令人行善的可靠的办法。

如果一个为善和有善感的人自然而然地对一切善事的始因怀有尊敬和爱慕的感情，如果这种感情使人们相信神被他们的感激表现所打动，一句话，如果需要一种崇拜以便在各民族中维持对无限善良、无限智慧之神的观念，也就是说，如果需要某些表现和某些外部标志使人似乎以此高声向自己并向他人宣告这些观念对他所作的深深启示，那么显而易见，这种崇拜的唯一仪式就是全体的或个人的善行，而人能向神表达的最值得称道的

敬意，那就是仿效神，而不在于无所事事地徒然喃喃称颂万能之神的伟大。

为了不致败坏真正的崇拜，应该告诉人们，千万要提防能够使人把某种吓人的标签加之于神的身上的东西；应当使人避免拿哪怕是最优秀的人和不朽之神作任何比较，这种比较向来是粗鄙而幼稚的。正是应该以这种明显的标志，使人习惯于辨认对于这个崇高的对象所持的一切无可置疑的虚伪见解。

本书的结论

我以这些令人愉快的真相来为本书作结。我认为已经足以驱散谬误的乌云，而使真相昭然若揭。

我已经努力解答我在本书开始提出的问题。我重复一遍，那就是求得一种人能在世上尽可能得到幸福和乐于从善的环境。不管人是不是把自己的希望寄托于来世，都应当使人的道德之善不依任何未来的希望为转移，而使其成为人的现世幸福的动机和目的。我要指出的是，为了这一点，必须铲除一切罪恶之根。比我更精明的人也许会成功地使人信服；然而没有谁会更热切地关心人类的真正幸福。

这里还有另一个真理，需要由你们这些以统率民族为己任的人去付诸实践。你们想不想通过建立最幸福、最完美的政府为人类立功呢？

O，quisquis volet impias

Coedes，et rabiem tollere civicam；

Si quaeret pater urbium，

Subscribi statuis...[①]

horat. lib. IV. ode 24.

请你们按照自然的法则去纠正政治和道德的缺点。为了在这方面获得成功，请你们先给予真正的智者以充分的自由，以便他们向支持私有制精神的谬误和偏见作斗争。在私有制这个怪物被打倒之后，就请你们通过教育去巩固这一美妙的改革。你们就再不难使人民接受类似我所拟制的法律。我认为，理性最能启发人们去防止变恶，我就是据此而拟订法律的。

① 啊！谁要想在自己的雕像的下方，
刻上“城市之父”的荣衔
谁就得自愿结束渎神的屠杀，
制止同胞间内讧的疯狂……

贺拉斯：《颂诗》第3册，第24首。

第　四　篇

合乎自然意图的法制蓝本

我把这个法律草案只作为附录、作为外加部分提出来，那是因为遗憾得很，现在确实几乎无法建立这样的共和国。

任何一个明理的读者，根据这些无须详加解释的条文，都可以判断这些法律会使人们摆脱多少灾难。我在前面刚证明，最初的立法者们不难使人民不知有其他法律；如果我的证明是充分的话，那么，我就达到了目的。

我没有贸然要求改革整个人类，但是我有充分的勇气宣扬真理，而不顾虑那些害怕真理的人的吵吵嚷嚷。这些人为了自己的利益，不惜欺骗人类，或让人类囿于谬见，而他们自己也受谬误所骗。

可以从根本上消除社会的恶习和祸害的基本的和神圣的法律

第　一　条

社会上的任何东西都不得单独地或作为私有财产属于任何个人，但每个人因生活需要、因娱乐或因进行日常劳动而于当前使用的物品除外。

第　二　条

每个公民都是依靠社会供养、维持生计和受到照料的公务人员。

第　三　条

每个公民都要根据自己的力量、才能和年龄促进公益的增长。据此按分配法规定每个人的义务。

分配法或经济法

第　一　条

为了使一切事务能够秩序井然地进行，不发生混乱和干扰现象，全民族的人口要按家庭、部族和城市来进行统计和划分，如果民族的人数很多，还要按省进行统计和划分。

第　二　条

每个部族都由数目相等的家庭构成，每个城市都由数目相等的部族构成，以下类推。

第　三　条

随着民族的发展，部族和城市的数目也将按比例增加，但人数不达到规定时，不得由此形成新的城市。参看市政法第五条和婚姻法第十二条。

第　四　条

十和十的倍数是物品或人员进行任何民用分配的计算数项。换句话说，一切调查登记、一切按等级分配、一切分配计量等等，都是以十进数目为单位。

第　五　条

在每十名、百名（以下类推）公民里，都有一定人数的各行业的工人；这个人数按照工作的难易程度和每个城市的居民所需物品的多寡，按比例地加以规定，不要使这些工人过于劳累。

第　六　条

为了调整自然产品或人工产品的分配，首先应当考虑经久耐用的产品，即那些能够保存或长期能使用的产品，这类产品分为：1）天天普遍使用的产品；2）普遍需要，但不经常使用的产品；3）只是少数几个人经常需要，而大多数人只是偶尔需要的产品；4）既非经常需要，又非普遍使用的其他产品，如纯粹装饰或娱乐用的产品。而一切经久耐用的产品都存入公共仓库，一部分逐日或定期分给全体公民，以满足日常生活需要，或作为各行业使用的材料；另一部分提供给使用这种物品的人。

第　七　条

其次，应当注意不耐存放的天然产品或人工产品，这些产品由种植或制作的人运到公共广场进行分配。

第　八　条

一切产品都要核算，其数量要与每个城市的公民人数相适应，或与使用它们的人数相适应。这些产品当中可保存的物品，均按相同的规则公开分配，如有剩余，则保管起来。

第　九　条

如果普遍使用的或部分人使用的非生活必需品感到缺乏，以致数量不敷，以及发生可能某一公民得不到这种物品的情况时，则暂时停止发放，或减量供应，直到数量充足时为止。但是，应当特别注意，勿使生活必需品的供应发生类似情况。

第　十　条

每个城市、每个省份的剩余物品运往缺乏这类物品的地区，或者储存起来以备将来需要。

第 十 一 条

按照神圣法律的规定，公民之间不得买卖或交换。因此，需要各种草料、蔬菜或水果的人，可到公共广场去取一日的用量；这种产品由种植者送到公共广场。如果某人需要面包，他可以按照规定的时间到烤面包的人那里去取；而烤面包的人，则从公共仓库领取做面包所需的一日或数日用的面粉。需要衣服的人，可到裁缝那里去取；裁缝从织布人那里得到衣料；织布人从公共仓库领取所需要的原料；生产这种原料的人，把原料送到公共仓库。其他一切需要分给每个家长以供他们个人使用或子女使用的物品，均采用这种方法分配。

第十二条

以本国产品援助邻近民族或外族，或者接受这些民族或外族的援助，这就是以交换方式进行的唯一的商业，此事通过公民来进行，而他们必须公开报告全部经过。同时，应当采取一切办法，勿使这种商业给共和国带来任何私产。

土地法

第一条

每个城市都有自己的土地，土地尽可能连成一片，形状尽可能整齐。土地不得私有，数量要足够供养居民并使耕者有地可种。

第二条

如果城市位于瘦瘠地区，那么，它的居民就只能从事工艺；而邻近的城市应供应他们粮食。但是，这种城市也应当和其他城市一样，有自己的从事农业的人，以便尽可能利用自己的土地，或帮助其他城市从事农耕。

第三条

所有公民，只要无残疾，从二十岁起到二十五岁止，都应当毫无例外地从事农业。

第　四　条

在每个城市里，这批被指定从事农业的青年，包括有农民、园丁、牧人、樵夫、挖土工、车夫或船夫、木匠、砖石匠、铁匠和其他建筑工人。从事上述头六种职业之一的青年人，在规定的服务期满以后，可以离开，重操旧业，或者如其能力许可的话，可以继续从事农业。参看治理法第三条和第五条。

市　政　法

第　一　条

在每个城市里，各个部族的家庭户数不得超过一定的数目或者只超过很少；另一方面，家庭的总数绝不得超过一个部族，所以每个城市的大小将大致相等，符合分配法第二条的规定。

第　二　条

在一个形状规则的宽大广场周围，建筑一些结构划一、形式优美的储存各种物品的公共仓库和公共会议厅。

第　三　条

在这片房屋的外围，有规则地布置城市街区并划分街道，街区的大小要相等，形状要相同。

第　四　条

每个部族占一个街区，每个家庭住一所宽敞舒适的房屋。所有这些房屋形状划一。

第　五　条

城市的所有街区要布置得适当，必要时可以扩充，而不影响街区的匀称；扩充时不得超过一定的范围。

第　六　条

在离城市街区不远的四周，建筑长廊式的各行业工作作坊，供所有那些数目超过十人的行业的工人使用，因为按分配法第五条，每个城市的每个行业要有数量足够的工人。

第　七　条

在这片作坊的外围，再建筑另外一些房屋，供从事农业的人员或从事与此有关的职业的人员居住，同时作为农业方面的作坊、仓库、储藏室、畜舍和农具库使用。这类房屋的数量和每个城市的事业总是保持一定的比例。

第　八　条

在离所有这些房屋不远的地方，选一块最清洁的地段，建筑一所宽敞舒适的大厦，供收容和医治各种病人使用。

第　九　条

在另一片地面上，再建筑一所宽敞舒适的养老院，收容一切有残疾的和年老的公民。

第　十　条

另一方面，在一块最没有景观和最荒无人烟的地段，建筑一座围有高墙的大楼，里面隔成若干带有铁栅栏的小单间，把需要暂时与社会隔离的人拘禁在这里。参看刑法。

第 十 一 条

在这一地段附近，设置围有高墙的墓地，里面用牢靠的砖石砌成若干单个的石洞，洞里宽敞，洞门设有牢固的栅栏。那些死时不配享受宗教仪式的公民，即那些应当永远革除出社会的人，将终生囚禁在这里，并且日后以此作为他们的葬身之地。参看刑法。

第 十 二 条

每个城市的房屋，一般均由从事建筑的工人建造、维修和改建。

第 十 三 条

城市和公用道路的清洁，一般由挖土工和车夫负责；仓库的供应和安排也由他们负责。在特殊情况下，一切农业工人将偶尔和其他公民一起，参加公用道路的修建和引水工程。

治　理　法

第　一　条

在每个行业里，由年龄最高、同时最有经验的人按其资历深浅的次序，每五天轮流一次担任领导五名至十名同行工匠的工作，他们原来所担当的那部分工作适当地让其他人分担。

第　二　条

在每一行业里，每十名或二十名工人设工长一名，负责指导工人，检查他们的工作，并向本行业首长报告工人的工作情况和操行。行业首长每年更换一次。工长可以终身任职，并轮流出任本行业首长。

第　三　条

只有离开农业工作回到本行一年以后，即达到二十六周岁时，才可以担任工长。

第　四　条

在每一行业里，凡是有重大发明的人，都要向本行业全体成员报告；这样，他即使没有达到规定的年龄，也可以担当工长，并在次年出任行业首长。只有在这种情况下，轮流制度才予以中止，其后即行恢复。

第　五　条

每个公民从十岁开始学习他禀赋适宜并看来能够从事的职业，但不得强迫。十五岁到十八岁是结婚年龄；二十岁到二十五岁从事某种农业工作；重回本行业，或继续从事与农业有关的工作时，到二十六岁则可担任本行业的工长。参看土地法第三条和第四条。如果他另选行业，那么，三十岁时才可以担任工长。每个公民到四十岁时，可不必有固定职业，成为自由工人，这就是说，他不脱离劳动，但只从事自己所选择的劳动，或只负担自己所承担的任务；他有权随意支配自己的休息时间。

第　六　条

残废和老弱的人在公共房屋中得到舒适的住处、饮食和给养。每个城市都要按照市政法第九条的规定，建设一些作为这种用途的公共房屋。同样，一切病人都毫无例外地要被送进为他们专设的公共房屋中，并且像在家里一样，获得周到的良好的护理，而且待遇相同，不分彼此。每个城市的参议会要特别关心养老院和医院的经营工作，务使其不缺乏任何必需品或娱乐物品，以使病人恢复健康和最快地复原，好让残疾之人不致失去生活的乐趣。

第　七　条

各行业的首长定出工作和休息的时间，并规定应做的工作。

第　八　条

每五天有一个公休日，全年为此分成七十三个等份。在闰年，把多出的这一天作为休息日。参看分配法第四条。

第　九　条

公共的娱乐节日总是由公休日开始，连这一天在内可以延续六天。

第 十 条

各种娱乐节日要在春耕和秋收开始以前，或在各种产品收完以后或在每年年初进行庆祝。结婚典礼、新市长和行业首长的任职礼，都在欢度新年期间举行。参看政府法。

取缔奢侈法

第 一 条

每个公民从三十岁起，可以按照各自的爱好选择穿着，但不得过于奢华。他仍要在家用饭，饮食应有节制，不可浪费。本法责成市参议员和行业首长严禁铺张浪费的现象，他们要以身作则，率先节俭。

第 二 条

每一行业里的十岁到三十岁的年轻人，都穿着布料相同、并且一般适合于各人职业的划一的洁净的衣服。每一行业都要用符合本行的主要劳动对象的颜色来作为标志，或者用其他的标志。

第 三 条

每个公民都有一身工作服和一套装饰朴素而美观的节日服装，这一切都要与共和国的财力相适应，任何华丽都不能使人受到更多的照顾或重视。任何虚荣表现都应该受到行业首长和家长的制止。

可以防止产生一切暴政的政府组成法

第　一　条

每户的家长达到五十岁时，即成为市参议员。他在制定法律和解释参议会所通过的法律的意图时有发言权和表决权。

第　二　条

当问题涉及其他家长或行业首长的业务时，要征求他们的意见。

第　三　条

在每个部族里，由每个家庭轮流出人担任族长，族长系终身职务。

第　四　条

每个族长轮流出任市长，任期为一年。

第　五　条

每个城市轮流出人担任本省省长，省长任期为一年，由该市的各族长出任。已有族长出任的部族应另选一名族长。

第　六　条

每个省轮流派人担任终身职务的全国元首。国家元首死亡时，轮到该省的在任省长或即将就任的省长，依法就任元首职位。

这时，派省长出任元首的省份，其省长应按前述的法律由继承人接充。

第 七 条

如果民族的人数不多，未构成一个省份以上，则任职一年的省长同时就是为期一年的国家元首。如果整个民族只构成一个城市，则这个城市的任期一年的市长就是为期一年的全国元首。在这两种情况下，本法第五条所规定的各种首长的任职办法不变。

第 八 条

根据本法第三条的规定，族长应终身任职，所以出任一年市长或省长的光荣职务的族长期满离任后，仍然复任族长职务；按本法第五条的规定在市长或省长出任国家元首期间补任族长的人员，在族长回来后仍为普通的家长，要等族长空缺以后，才能出来接替。

第 九 条

就任族长的人，不管他是否达到出任参议员的年龄，都一律不得或者不能再任参议员；不管他出任过哪种为期一年的或终身的荣誉职务，在这种职务的任职期间或去职以后，都不得再任参议员，而只能任政务员。

第 十 条

全民族成立一个最高参议会，由每个城市派出两名或两名以上的代表组成；代表任期一年，由城市参议员轮流担任。同时成立全民族的最高政务会；它隶属于最高参议会，并高于其他的政务会。最高政务会亦由各城市的政务会派出代表组成。其他依此类推。

第十一条

如果国家只由一个城市组成，则该城市的参议会就是最高参议会，由五十岁以上的人参加，行使最高参议会的职权。普通参议会由年龄达四十岁的家长组成之。

第十二条

每个城市的政务会，由按政府组成法第九条规定不能再任参议员的族长，以及各行业的没有达到参议员年龄的首长和工长组成。

第十三条

每个参议员或政务员每五天轮流主持工作一次，以收集各方面的意见，并根据大多数人的意见作出决定。

行政管理法

第一条

最高参议会的职权在于监察各城市参议会所通过的决议和法令是否含有就目前或就未来而言可能与国家的法律相抵触的地方，以及公安和经济方面的措施是否真正符合分配法和其他法律的宗旨。最高参议会对这些法令进行检查之后，认可或否决其全部或部分内容。这样为一个城市所作的决定，在相同问题上适用于其他所有城市，并且经下级参议会同意之后即具有法律效力。

第　二　条

每个参议会要征求政务会的意见，听取政务会的报告，只有当政务会提出的报告直接或间接与法律的宗旨抵触时，或者有可能作出更好的决定时，参议会才有权否决政务会的报告。

第　三　条

市长可根据国家元首的命令，执行经最高参议会同意的普通参议会的决议。

第　四　条

普通参议会和最高参议会拥有隶属于法律权力的一切政治权力，也就是说，各级参议会可以最终和不经讨论发出执行一切法律正式规定的事情的命令，它们经过讨论和定出措施以后，有权将这些只作一般规定的条款加以发挥并运用于具体的管理场合。

第　五　条

国家元首的一般职责在于按照最高参议会的命令，督促遵守法律和根据法律所作的决议；元首的特别职权是管理全国农业及有关行业，以及总管各种仓库和一切行业的工作。如果国家幅员广大，元首应按省巡视工作，检查一切是否恰当执行，在习俗和实际做法上是否各处都尽可能做到一致和有秩序。

第　六　条

市长在省长的指挥下，省长在国家元首的指挥下，各在自己的管辖区内执行元首对全国执行的那种职权。

第　七　条

各级首长在自己的管辖范围内，遇有特殊情况和意外情况，关系到某种安排或关于迅速执行某一有利的方案时，可以实行良知给他们启示的措施。如果事情对全体有很大福利，必须无条件地执行他们的命令。遇有不太紧迫的情况，他们应征求与自己地位相等的人士或有经验人士的意见。他们应向本级参议会和上级首长报告和说明自己的工作；省长（或市长）向国家元首报告；国家元首向最高参议会报告。

第　八　条

族长（因此而规定为终身职务）应检查仓库的安排和供应情况，检查由自由工人（即达到可自行选择职业的年龄的人）分配供应品的情况；必要时，这些人可由离开农业部门的人协助。至于每天生产和消费的物品，则按前述分配法第四条的规定，由生产、制造或加工这种物品的人向每个公民供应。

第　九　条

市长和省长的任期均为一年，只履行自己所负的职责，他们在任期届满以后，可以选择自己喜欢的任何职业。各行业的首长在任期届满以后，也属于自由工人之列。

第　十　条

全体参议员、政治首长、行业首长和工长，在对祖国的服务过程中要受到像子女对家长那样的尊敬和顺从。

第 十 一 条

任何公共命令的公式都是：理性要求，法律命令。

第 十 二 条

整个行政管理法和基本法律一样，是神圣不可侵犯的。任何人都不得改动或废除这种法律，违者严惩。参看刑法。

可以防止产生一切荒淫的婚姻法

第　一　条

凡达到结婚年龄的公民，都应当结婚；除本人素质或健康状况不宜结婚者外，一律不得违反此项法律。只有四十岁以后才许可过独身生活。

第　二　条

每年年初举行集体结婚礼仪。男女青年聚集一起，在市参议会的主持下，每个青年选择自己心爱的姑娘；经姑娘同意后，即可结婚。

第　三　条

结婚以后，十年之内不得离婚；十年以后，可以根据双方同意或单方请求准予离婚。

第　四　条

离婚的理由向本部族的家长会议提出，家长们可设法调解。

第　五　条

宣布离婚以后，离婚当事人六个月以后才可以复婚。在此期间，他们不得彼此会见和谈话，男方留在本部族或家里，女方回到自己的部族或娘家。关于复婚的谈判，只能由双方的共同亲友出面。

第　六　条

离婚的人经过一年后才得与他人结婚；从此以后，他们不能再复婚。

第　七　条

离婚的人不得与比自己、或比自己离异的人更年轻的人再结婚。只有丧偶者才有这种自由。

第　八　条

已结过婚的男女，不得与未婚青年或未婚姑娘结婚。

第　九　条

任何公民都可以从任何部族、城市或省份选择自己的对象，但女方和子女要加入男方的部族。

第　十　条

离婚以后，子女留在父方，只有男方的最后妻子才被认为是孩子的母亲；任何一个前妻，对于原来丈夫的孩子都不得有母亲这个称号。

第十一条

做儿子的，虽已娶妻生子，但只有在父亲死后才能成为家长。

第十二条

在举行集体结婚礼仪时期，每个城市每年要进行一次公民普查工作。参议会要精确地登记不同年龄和不同职业的人数；全部按部族和家庭的名字入册。每个部族的家庭户数要尽量相等；户数增多时，可以组成新的部族；如果新增的部族足够成立新的城市，必要时可以形成新的城市；或者给那些由于某种灾难而减少了户数的部族和城市补充新户。

第十三条

当民族人数的增减情况达到出生率几乎和死亡率相等的时候，部族、城市等的人口就会大致相等，并将维持这种状态。参看经济法第三条。

可以防止父亲溺爱子女的教育法

第　一　条

做母亲的，如果健康条件允许，应亲自给自己的子女哺乳；如无身体不适之证明，不能免除这项义务。

第　二　条

有婴儿要哺乳的妇女，应在离婚后继续喂养婴儿一年。

第　三　条

部族族长应注意检查做父母的是否关怀自己的年幼子女。

第　四　条

每个部族的全体儿童，五岁时集中搬到为他们专设的房舍内，男女分居。他们的饮食、衣服和初等教育，到处都完全一样，不加区分，一律按参议会指定的规则办理。

第　五　条

一定数额的家庭的父母，在族长的监督下，负责照管这些儿童，要像照管自己的子女一样，每期五天；然后，由另一批同样数目的父母来代替他们。他们要努力教导自己的学生学会节制和顺从，用温和的劝说和轻微的责备来防止任何不和、任性和沾染恶习。他们对全体儿童要一视同仁。

第　六　条

随着儿童智力的发展，开始教导他们认识国家法律。教导他们尊重这些法律，顺从父母、首长和长者。教导他们养成对同伴友好、亲善和永不撒谎的习惯。要让他们学习某些适合他们年龄的轻微的工作，不时做一些可以帮助他们长身体和准备从事劳动的游戏。无论规定他们做什么事情，都应当向他们说明这样做的道理。这些初步的教育工作，将来要由工长继续进行。他们童年结束后则交托工长负责培养。

第　七　条

十岁以前的儿童，如身体已经相当强壮，可以学习认为对他们适合的职业的初步知识时，则每天到公共作坊数小时，进行学习。

第　八　条

凡达到十岁的儿童，都应该离开公共保育院，进作坊学习。儿童的衣食住由作坊供应，各行工长和行业首长指导他们学习，他们要像尊敬父母那样，听从工长和行业首长的指挥。以上一切，每个行业和作坊都应一律如此，男女儿童在这里分别学习适合于他们的技艺。

第　九　条

除了一定行业的技术训练以外，男女工长和行业首长还要对儿童进行道德教育。如果随着智力的发展，某些儿童想到了神的存在，或听到这方面的谈话提出了关于这个最高存在的问题，那么，应当向他们说明，神是他们赞赏或觉得可爱和美好的一切事物的善良的始因。教育者应当避免以任何含混不清的概念向儿童解说这个绝妙的存在，不要使用毫无意义的术语来解释这个存在的本性。应当简单明了地对儿童说：我们只能凭它创造的万物，去认识宇宙的创造者；它的创造物表明它是无限善良和英明的存在，而凡人是无法与它相比的。要向青年人说明：人所具有的社会性感情是神的意旨的唯一体现；只有遵守神谕才能理解什么是神。要告诉他们，法律的目的是使这种品性完善，并有系统地利用其约束力为社会造福。

第　十　条

所有戒律、准绳和道德考虑都要从基本的和神圣的法律引申之，而且总要以社会团结和友爱为宗旨。告诫的主旨是实现个人幸福与公益的紧密结合；而尊敬和爱戴他人、同胞和首长，则是鼓励的目标。

第　十　一　条

各级首长和参议员应注意检查各地是否切实一致遵守有关儿童教育的法律和章程，特别要检查是否很好地纠正和预防儿童时期可能产生私有观念的缺点。他们也要防止儿童的心灵从幼年时期就受某种稀奇古怪的寓言、童话和谎言的熏染。

第十二条

十五或十六岁的青年，结婚后便离开公共住所，回到父亲家里，每天到作坊去做一定时间的专业工作，一直到年龄达到从事农业的时候，再搬到为此而设立的住所去居住。

可以防止人们心智迷误和一切超验幻想的研究法

第一条

献身于科学和艺术的人的敏锐性、洞察力、灵巧、技艺和天才要高于体力，他们的人数在每种行业和每个城市都要作出规定。天资聪慧的公民的教育应提前开始，但是，这种学习或训练并不免除他达到从事农业年龄时参加某种农业劳动的义务。除了一定数额的少数从事科学和艺术的教师和学生外，任何人都应该遵守治理法第五条的规定，在三十岁以前不得从事科学和艺术工作。达到这个年龄以后，那些由于经验促进智力的完善而其才干已发展到胜任比原来职业更高职业的人，可以从事科学和艺术工作。

第二条

除了研究法律的方案和体系之道德哲学外，没有任何其他道德哲学。这种科学的见解和原则，只以下列事项为依据：法律的功用和明智，同胞间和谐的血缘和友谊关系以及服务和感激关系，对劳动的热爱和劳动的益处，优良秩序与完全和睦的普遍规则与特殊规则。研究这种科学是全体公民的工作。

第　三　条

任何形而上学都研究上述的神性。关于人的研究，还要说明：人具有理性，从而成为社会性的人；人的天分的性质，以及这种天分的作用的自然原理，我们并不知道；只有对这种理性的活动过程可以凭借天分进行深思熟虑的观察和考究；我们不知道什么东西是我们这种天分的基础和支柱，我们也不知道死后这种要素要变成什么。我们只能说：也许人死以后，这种智慧要素仍然存在，但是，企图了解自然界的创造者尚未以任何现象启示我们去认识的某种状态，那是徒劳无益的。这就是对于这种思辨所规定的范围。

第　四　条

在以研究自然奥秘或以研究完善有益于社会的艺术为宗旨的思辨科学和经验科学方面，可以完全自由地运用人的智慧的敏悟性和洞察力。

第　五　条

应定出一部所有科学的公共法典，其中规定形而上学和道德学任何时候不得超过法律所规定的界限；只有经过实验证明和推理确定的物理学、数学或力学的发明，才可以载入法典。

第　六　条

自然的形体美和精神美，科学对象，社会的舒适和愉快情景，以及为完善上述各方面而作出卓越贡献的公民，均可用演说、诗篇和绘画来歌颂。

第七条

各普通参议会应委托专人著书，以表彰首长和公民的功勋，但要注意，在叙述当中切勿夸张奉承，尤其要严格避免任何虚构的报导。最高参议会应当委托专人，根据这些资料编纂全民族的通史。

第八条

所有这些法律都要分章雕刻在每个城市的公共广场的圆柱或方尖碑上。这些法律始终要按照条文原来的直接的和字面的意义加以解释，绝对不允许作丝毫窜改或歪曲。如果某项法律有模棱两可或含混不清的地方，则应当努力利用其他法律来解释，或根据最有利于基本的和神圣的法律的精神，一劳永逸地把这项法律的意义确定下来。

刑法，渎职现象不多故条文很少，既温和而又有实效

第一条

任何公民，不分等级和地位，即便是全民的元首，如果(令人不敢想象)蜕化到犯了侵害他人生命或使他人受到致命伤害的罪行，或者企图利用阴谋或其他方法废除神圣法律，以便引进可耻的私有制，经最高参议会确认和审判后，应处以终身禁闭，把他作为人类凶恶而疯狂的敌人，关押在市政法第十一条所述的公共墓地的石洞里。他的名字永远从公民的名单中勾销，他的子女和全家也不再使用他的姓氏，他们要被分别编入其他部族、城市或省份，但

是，任何人不得歧视他们，也不得因为他们的父亲犯罪而责备他们，违者将逐出社会两年。

第　二　条

凡敢于为这种罪人辩解者，凡对首长或参议员、家长或父母严重失敬或不服从者，凡以侮辱性的言语或动手粗暴对待自己同辈者，要受一天或数天、数月，或者一年或数年的拘禁处分，押在专设的场所。全民族的最高参议会应根据犯罪情节的轻重，一次把刑期规定出来。绝对不得缩短已规定的刑期。

第　三　条

犯通奸罪者，受一年拘禁处分；如果通奸事件被揭发，夫妇没有马上离婚，则在刑期期满后，仍可继续为夫妇。犯通奸的人则绝对不得与通奸的对方结婚。

第　四　条

男方或女方在离婚后一年内，如与他人发生性关系，则按通奸论处。

第　五　条

凡受到革除出社会一年或数年处分的人，永远不得担任参议员或族长的职务。

第 六 条

凡负责教育和照管儿童粗心的人，由于显然的管教不严，使儿童染上某种违反公益精神的恶习或不良习惯时，将根据其情节的轻重，暂时或永远剥夺他们从事这项工作的荣誉。

第 七 条

凡是被革除出社会和受到终身或有期拘禁处分的人，都无权享受任何娱乐和担当任何工作；他们将得到良好但最普通的同样饮食，也穿相同的衣服。由犯有懒惰、违抗和说谎等小过错的青年人给他们服务，他们要担任此种工作数天，而当这种青年人人数不足时，则从各行业抽出一定数量的年轻徒工，每天轮流担当这项工作。

第 八 条

对其他一些轻微过失，比如工作中的疏忽大意和漫不经心，由各行业的首长或工长按照合理办法进行处分，或按上条规定处以如上所述的劳役，或禁止犯过失的人在数小时或数日内从事任何工作和娱乐，从而以无所事事来惩治游手好闲。

第 九 条

因为有损名誉的并不是惩罚，而是过失本身，所以在受过正式处分以后，任何公民不得再就此事稍加责备已经按法律赎罪的人，也不得责备他的任何亲友，也不得向不知道此事的人述说此事，也不得当面或背后对这些人表示丝毫轻视，否则要受到同样的处分。只有首长有权提醒他们履行自己的义务，但也绝不要提起他们过去的错误和所受的惩罚。

第十条

一切经法律规定的对某一种罪过的惩罚，任何时候也不得更动或减轻，也不得以赦免和其他理由来取消，但患病的情形例外。

第十一条

只有每个城市的参议会有权根据族长、家长或行业首长的陈述施行逐出社会的处罚。族长、家长或行业首长则有权给予民事处分。

第十二条

诬告他人并使他人受到终身逐出社会的处罚的人，也要受到同样的惩罚。在所有其他情况下，诬告者应受加倍的处分。

第十三条

没有任何民事权或自然权力的人的控告，参议会不予受理。

第十四条

任各级职位的人必须亲自照管自己治理下的人员，在自己的职权范围内申斥或处分他们，要毫不留情地把重大罪犯送交上级处理；如果知情不举，将根据情节轻重，受到暂时或永久的撤职处分。

NAUFRAGE

DES

ISLES FLOTTANTES,

OU

BASILIADE

DU CÉLÉBRE PILPAI,

POËME HEROÏQUE

Traduit de l'Indien par Mr. M******

TOME PREMIER.

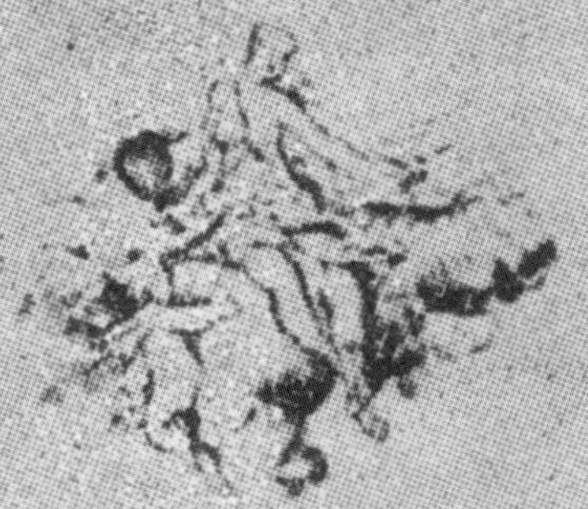

A MESSINE,

Par une Société de LIBRAIRES.

M. DCC. LIII.

《巴齐里阿达》第一卷的内封

附　录　（一）

告　读　者

读者从关于摩莱里的简介中已得知，《巴齐里阿达》包含着社会组织方案，《自然法典》则是这个方案的系统阐述。后者无疑是作者的杰作，是上个世纪哲学发展的最高表现。然而，细心读读这部先于《自然法典》问世的著作中有关社会的部分，还是不无益处的。我们相应地选择了《巴齐里阿达》中所有与《自然法典》论述的问题有关的节段。这样，由于摆脱了无关紧要的奇遇故事的笼罩，这些经过选择的思想将发出纯洁的夺目的光彩，而奇遇故事则是在所有这部假想的游记中都见得到的。

《巴齐里阿达》的重要节段

巴齐里阿达—乌托邦的特征

序 言 节 录

……本书包含着不宜于告诉所有人的真理；这些真理不是智者为愚人创造的；国王们尊重这些真理，却又不愿意听从。只有一个无畏的心灵让它们从黑暗中显露出来，引以为荣（原文如此）……世间的主宰者，以及其他大多数人，都只喜欢虚假的或似是而非的真理，这类真理的含混的措辞可被他们用来辩解。他们喜欢影像不真的镜子，从而可以把自己面容的缺陷归咎于这种镜子，或者为的是把缺陷掩盖起来。虽然他们有时也尊重智慧，但那只不过是像对待费特法[①]或某些穆夫蒂的法令一样，人们把这类东西保存得很好，却并不去读它。

我可以毫不夸张地说，艺术和实验科学在我们这里可能永远达不到更为完善的高度；或者，即使我在确定其进步的限度方面弄得不对，但至少可以肯定的是：它们不可能被人们以更有趣、更能引起理性趋向真理的方式来加以处理了。

至于道德，则其大部分基础都由虚假的东西所支撑，以致建筑

---

① 费特法（阿拉伯语）——穆夫蒂所下的裁决书。——译注

于其上的所有建筑物，几乎都是不牢固的。在我们的作家中，有些人感到了这种弱点，却不敢加以深究：因为政治和迷信担心其专制信条不灵，无知和欺骗会受到揭露；另一些作家则自以为站在坚实的土地上，竭力地支撑着。总之，除了少数勇于据实描写的作家之外，其他人都在自己的著述中用大量的华丽辞藻来代替事实，并且尽可能以此来装饰普通人所崇拜的滑稽偶像。

公有土地平均分配的悲惨后果

寓　言

据说，从前没有哪一种动物是贪得无厌的。它们都只满足于自己朴素的饮食。人们看到勇猛的狮子、老虎、熊和狼，竟与胆怯的绵羊、牛、鹿和马不分彼此地杂居在一起。有一天，它们集合在一片肥沃的平原牧场上。它们说：让我们把这片草地分了吧！给三个孩子喂奶的母兽要求分得三份，还没有孩子的只要求一份就心满意足。后来，有三个孩子的母兽死时只留下一个孩子，它按遗产继承权独占了那三份草地；那个未曾生育的母兽以后却生了许多后代。乳兽们长大后只好与母兽一起靠刚够母兽自己食用的那份草地过活，它们乞求刚刚继承了三份草地的那只动物至少给它们让出两份，使它们免于饿死。“你们的贫穷并不是我造成的”，那只它们向之乞求的动物说，“分配草地那是我们出世以前的事。父辈们以前怎么安排的，我们现在就该维持不变。你们怎么去弄到吃的都成，那是你们的事。我根本不愿意你们到这片属于我的草地上来吃草。即使这片草地目前对我说来绰绰有余，我也要留给我的孩子们”。由于这种冷酷无情，这类为数众多的求援的动物便

死于饥饿。这种丑恶的事例屡见不鲜。于是,我们很快地看到,甚至在富庶之中出现了饥荒,以致最强者去吞食最弱者。人们定出规章来制止这种混乱。这些规章减少了祸害,但并没有消除祸根。那些出于需要而变得贪婪的动物却习以为常,依然如故。

在受着残酷无情的私有制支配的民族那里,情况也会是如此。私有制是万恶之源,而罪恶则是绝望和极度贫困的产物。立法者们常常惩罚不幸者,而放过罪人;他们无力的法律只能掩盖罪恶:这种法律惩罚邪恶行为,但不懂得怎样杜绝邪恶行为的手段。法律的制定应该为了防止轻率的处世规矩——意愿变化无常的起因。然而,法律本身就是轻率的,它不是进一步压制意愿,就是把新的义务强加于它。为了维持它那虚弱的权威,法律不得不经常对无辜的行为加以惩治。

我还要对你们再说一遍;人们对这一点难道会重复得太多吗?宇宙的永恒法律就是:人除了自身的实在需要所要求的东西,即足以维持他每天的生计和娱乐的东西以外,其他任何东西都不属于他个人;田地不属于耕者,果树不属于采果人,甚至在自己的工艺产品中也只有他自己使用的那部分才属于个人,其余的部分,以及他本人,都属于全人类。

个体所有制造成感情对立的最初影响

首先人们开始说服众人相信这样做是合适的,即将土地分给家长们,让整个民族分成其间没有任何共同之点的各个部落。贸易、交换、薪金等可憎的字眼儿已在语言中取代了友好的慷慨援助;人们熟悉而且愿意使用你的和我的这种字眼儿。可以听到人们毫不胆怯地发出所有纠纷的不祥信号:让每个人拥有自己的财产吧!

让我们看一看,私有制这个人们称之为专横权力和命运的续弦、可怜的贫困的后娘,是怎样树立自己的权威的。她坐在一堆已变成无用的财宝上,对这位向她求援的不幸的少女说:“为什么命运竟让你在我的财富已被分配了的时候才出世呢?我的赠物是不能再收回的,你别再想得到世上的任何东西了。你看看这些肥沃的田野、花果满枝的树木吧,可是已经不许你去触动它们了。我已经把它们分给我心爱的儿子,你只有期待于他了。付出巨大的劳动来领受他的恩赐吧!或者必然可怕地走向死亡,或者为他的利益也为你自己的利益效劳,这就是给你指出的道路,由你选择吧!你的兄弟对于爱、柔情和热心一无所求。他主宰一切,没有他的援救,你肯定是要灭亡的。不可战胜的法律迫使你把自己的力量献给他。既然你没有拒绝为他效力的自由,他也就不会为此而对你有所感激。你期望以收获物来使啮噬着你的饥饿得到缓解吗?那就去参加收割吧,等候着他的大方施舍给你一点儿恩赐以维持生活。你愿意看到你所羡慕的丰收再来吗?那就用双手去耕种田地、开垦荒野、排干沼泽吧!去开山劈岭,从中取出大理石和金属,为过悠闲舒适的生活而建造宫殿吧!如果你的臂力不够,那就求助于技艺,从它的主意中获得使你变成有用之人的办法,通过增加你本人永远尝受不到的快乐去大大增加富人的需要吧!去想出办法把他的住宅弄得舒舒服服吧!你注定所得到的是汗水和劳动。啊!凡人中的不幸者,你在世上是不会得到任何东西的。就让你的机敏能使你所做的成为富人的必需品吧。富人像你一样受私利

的支配，不要以为他会被你的贫困命运的可怜境况所打动。他的心是毫无怜悯之情的。像他一样，让私利和贪婪激发你自己吧！向他高价地出卖劳动好了！由于他懒惰和无能，或者不能自理繁重的事务，这种劳动对于他是必不可少的。

这样的安排会激发起人们一种破坏性的狂热，这足以毁灭整个同类。不久，一个人便侵占了巨额财产，并从其他人手中夺走甚至是最必需的生活资料。然而，假若他人的贫困没有使他得到强迫提供的援助，他会很快地发现自己是无力享受贪婪而得来的果实的。他把温柔而又富有同情心的本性促使人们进行的互助的那种安慰，只归因为其他人的可怕的贫困。

有人会相信这一点吗：几乎在任何地方，人们都不是由于互爱而互助，而是因为不这样做就会灭亡！这就是我们这里的整个社会的可悲关系；这就是我们的道德和罪恶的可怕原则。希望或恐惧不是使我们变得谨小慎微，就是变得胡作非为。

毫无疑问，在最初的年代，那些被我们称之为命运的盲目的神祇之恩赐的凡人当中，有那么一些人，他们为自己的财富可能被夺去而惶恐不安；他们把其他人都只看作是嫉妒自己的敌人，应该压迫这些敌人，使他们处于卑贱的地位，或者把他们消灭。另一方面，那些不幸者对自身的贫困有着强烈感受，担心受贫困永世牵累，这种感受和担心超过其他一切思虑。他们把拥有大量遗产的人仅仅视为不正义的侵占者和自然权利的侵犯者。他们拼命地反对这种横行霸道。他们怀着摆脱贫困潦倒的生活或者解除这种生活的痛苦的希望，拿起了武器反对他们认为靠损害他们而享福的人；后者则十分担忧自己的财富被夺走，为了自卫，便同前者为摆脱不幸的生活而战一样,也进行疯狂的搏斗!

于是,各种恶行和罪孽便从这两种强烈感情的对立中产生出来。我们看到,大海的怒涛奔腾澎湃,前推后拥,为了争占新的地盘而相互撞击,好像大海的广阔胸怀无法将波涛全部容纳。与此相同,我们也看到,人们为了一块土地而激烈地互相争夺。这便是私有制和私利的最初影响,是献给残酷之神的最初祭品。

出于考虑卑劣的私利而实行的人为道德的起源

人们终于对只能恶化自己的处境的祸害进行思考,因而都寻求较温和的手段;其中一部分人是为了保存命运所赋予他们的一切,另一部分人则为了获得救助。那些欲念不太强烈的人为其他人作出了榜样。然而,他们忘却了先前狂暴的初因,他们便对此表示憎恶,并将其推到本性身上而原谅自己。他们认为,人的心灵生来就浸透了毒素,并带有喜爱掠夺的恶劣倾向。父亲并不太注意自己的有害榜样对儿童产生的影响,他看着自己的孩子们愤怒地争夺阳光下的一席之地,或者是什么微不足道的玩艺儿;他以为孩子们像他一样,本质是恶的,是堕落的,因为他没有注意到,在许多场合下,他的礼物和他的偏爱在孩子们的心灵中撒下了第一批传染病的菌苗,这种传染病也是父辈传给他本人的。

人们就依据上述原理思考或行动,似乎他们是这样推论的:我们生来是恶的;但是,不管我们怎样堕落,我们对于善行和感激的表示还是动心的;从我们父辈的照料和我们对父辈意愿的服从中,我们就感受到这一点。穷人说,让我们也这样对待命运使其处于优越地位的人吧,努力以阿谀奉承来博取他的救助吧!如果想用

暴力去取得救助,那我们付出的代价就太大了。富人说:我们一点儿也不要刺激不幸的人,根本不要让他感觉到他所处的那种艰辛的境遇。甚至让我们试以少许的酬劳来换取他的服务吧。这两方面的人既然这样思考,便都觉察不到如此不完善的动机会永远使他们的行为缺乏相当的准绳,从而把不幸的根苗带到他们的心中,而他们还固执地以为这种东西是天然之物呢。

就这样,谬误之旁的一束真理的微光使我们大部分的社会道德得以存在,这些人为的道德仅仅是出于考虑卑劣的私利才去实行的,而并没有把心放在这上面。命运的宠儿眼看那些不公正地落入自己手中的东西不再被夺,于是对穷人产生了一点儿贫乏的怜悯之情,有时还加上一些临时性的救济,从而便自以为还清了对人类所欠的债。于是,一些施舍很快贴上了慷慨、厚意、恩赐等华丽的标签。有钱有势的人,随着以为自己有益于他人,或者由于拒绝他人的乞求就能够给他们带来损害,而越发自认为高人一等。那些希望得到或者已经得到富人的某些施舍的人,则力图以助长这种谬误的巧妙手段顺利地达到这一点。这就是地位、尊贵、权势这些脆弱的装饰品的最初起源,那是饥饿的贫民为喜欢这种荣耀的人所制造的。

当绝大多数人,即那些最不幸的人看到富人的地位高不可攀的时候,他们就真的不再妒忌富人的运气了,但是,他们中那些羡慕与富人地位同等的某些人从贵人那里得到一定程度的恩惠,于是急于超过或取代他们,便比自己的竞争者更下工夫地抱着私心去敬奉富人。普通人狂热到这种地步,以致只想在富人的面前立功。他们把出于自己利益而发掘的一切虚构美德全都归于自己所极力奉承的偶像身上。下等人把自己对上等人的卑躬屈节美其名为热情、挚爱、忠实、眷恋。在虚幻美德的后面隐藏着真爱自己、假爱别人的个人利益。从这类美德的关系中形成了无数的小恶,它需要把那些大小人物视为增加、巩固、积蓄财富的手段的其他千百种小美德加以平衡。人们以礼貌、体面、庄重、坚定和尊严来同奢华、虚荣、傲慢和粗野相对抗。

所有这些小玩艺儿还只是人类走向幸福的第一步,还要经过许多步骤才能达到目的。我只说说那些最重要的步骤。由于任何援助、任何真实的或理想的财产都不再**免费**提供,由于所有心灵比任何时候更倾向于忘恩负义,作为必须的主要美德便是正直和诚挚,就是说,是这样的感情:不去侵占属于他人的东西,既不公开地也不以诡计去损害他人,一丝不苟地去履行自己的诺言和义务。通常激发起人们这种感情的仅仅出于这么一种唯一的考虑,那就是自己也不愿意受到同样的对待。人们对于遵守这种准则的人十分感激。我要问,如果不是大多数社会管理不善,人们是否会需要这样的训诫?这样的道德难道不是人类的耻辱吗?一个人由于他不是背信弃义者、叛徒、小偷、强盗,就值得颂扬吗?或者难道他非得去冒那诱使他去犯这类罪行的危险不可吗?

然而,有多少次私利能不侵害人类中的弱者呢?为了肯定我们交往的人是人们称作老实人的人,不是要进行多次考察吗?证明他是老实人或者使他不得不至少像老实人那样行事需要用多少保证人啊?人们正是以同样的私利促使他这样做;正是这个可耻的动机使个人之间建立了脆弱的友谊关系或联盟的关系,定出了各自的义务。还是它使那些最可憎的派别、党派和帮会聚集起来

或分裂解散。

总之,可以没完没了地向你准确列举出所有被大量复杂的私利和阴谋加上了美德称号的做法和考虑,以致不可能确定这些恶习的色调的细微差别。人的心灵中所有这些动机的变化无常造成愿望、观点和意图之间的竞争;这三者混在一起产生最出人意料的事件、最奇怪的变动和灾难;大多数人把这些意外事件归之于盲目的天命,因为他们的记忆力太差或眼光太短浅,以致弄不清人类心血来潮的最初任性行为推动了这些奇特的运动或突然使之改变方向是什么。伏尔泰先生在《路易十四时代》一书中,把此类往往由于操纵我们君主的某一僧人、情妇、亲信或大臣的任性而引起的政治变动归之于这种天命。他没有记起如西班牙耶稣会教士的那种专横对民族命运可能产生的影响;那位教士对一位大人物说:你们应当尊重我;你们的君主在我的脚下,你们的上帝在我的手里掌握着。他也没有记起一副手套竟使莫尔巴勒[①]阁下失宠,并使法国得救。

可见,人们要有怎样不可思议的微弱动机才能阻止自己变成恶人或者减轻自己的凶恶,要多么小心谨慎才能保证做到这一点,因为他们缺乏或破坏了使自己成为善人并且永远为善的唯一的坚实手段。可是,为了强化所有这些人为的道德,人们竭力使人从小对这一点养成习惯。由于某些道德和被认为是天生的恶习一起在人的心田里扎了根,随后人们便以为这些道德也是同一块土地上

---

① 莫尔巴勒(John Churchill,duc de Marlborough)(1650—1722年):英国将军和外交家,以一首滑稽歌曲中的主角而出名。——译注

的天然产物。在他受到灌输而对某些主张产生崇拜之心以前,或在学习某些习惯做法之前没有任何东西进入他的心灵的时候,他自己曾相信这些偏见同样是永恒的真理。

我们的道德建立在默认的处世规矩和我刚才向你说到的偏见的虚弱基础之上,它的确减轻了犯罪和抢掠的狂热,使一切暴力行为变得可恶。然而,这种道德根本没有消除往往使不幸者不得不求助暴力的致命原因。道德本应找出结束一切贫困的可靠手段,而它却只下工夫寻求那饥饿和贪婪连听都不去听的无用的安慰;我们的道德只用无效的规劝来对抗罪行;这种规劝的动力是把羞耻之心或善事加以理想化的空论,它们不能抵消对某种诱人的物品所激起的痛苦或希望的现实感情。因此,只好赋予这种道德的戒律以引起恐惧的威胁力量。这些戒律便成了再不允许人违犯的法律,否则就要遭到比不服从法律时想要避免的不幸更加严厉的惩罚。可是,罪恶有如羞怯的爬行动物,它就躲藏在这片戒律和偏见的森林的密叶之下,用所有为消灭它而创造出来的东西把自己遮盖起来,有时还用这些东西来作为武器。

政权的腐败

我现在要说到在我们当中建立起来用以维持法律的最高权力。它有力量去强制人们守法。这个最高政权本应当是自然的权利和人道的权利的保障者。据说每个民族形成之初,就曾经是这样的。当时,父权在兄弟之间建立了完全的平等,为民族中其余的人树立了最温和的治理榜样。我认为,现在这种权力,经过野蛮时期受最强悍、最胆大妄为的人所控制之后,无论对于自愿服从它的人或是对于以武力使之成为奴隶的人，都几乎一样不人道和残酷无情，而在较为平静的时候，它则带上表面道德和轻微恶习的色彩，人们竟以此作为自己行为的准绳。

国家的一切财富，像血液流向心脏一样，都集中在国王手里；但这些血液再往回输送的时候却缺乏合理安排，有些血管充盈，另一些血管却流量极小，使四肢总是处于麻痹状态，没有一点气力和生机。由此，我们尽可以把善良之神比作微弱的发光体，其光线被周围的吸光物体所拦截，勉强才射到离光源不远的地方。这些守着残缺不全的国土的君主，受阿谀奉承的控制，成为厚颜无耻的大领主或大臣们所拥有的那一点儿权力的傀儡，他们有什么伟大呢？而这些大领主或大臣，他们本身也受着自己的亲信的摆弄，这正如人民受着以主人名义强加的贫困和奴役的摆布一样，而主人还以为他们是幸福的呢。我们有些君主试图由自己来治理；他们有足够的能力和勇气挑起这副重担。他们为打碎这副束缚人的体面的镣铐，要克服多少困难啊！当他们要给予人类慷慨无私的服务，使他们自己真正无愧于英雄称号的时候，他们会遇到多少的障碍呵！有多少来自受偏见和恶习的败坏的无数意愿方面的反抗，需要他们去战胜啊！在他们治下的社会的普通体制中，又有多少虚伪的准则、荒唐或有害的习俗需要去摧毁啊！

我们某些国家的最高政权，对于人民似乎显得比较开明、比较谨慎，而他的权力也比较温和。因为这种权力由若干人分别掌管，给人们以表面的自由；无论这种自由多么不真实，人们还是热爱着它。这样的分权丝毫没有改变由私有制和私利所造成的骇人听闻的地位不平等；不幸者在这类政府的治理下顶多能够高声抱怨以求得可怜的自安自慰而已。有时那里的贫民是要比唯一的君王统治的国家少一些。但大多数人的共同命运依旧是不幸的。这些国家的人民虽然不成为专横独断的政权的奴隶,但他们仍然同样得受严酷的法律控制,而这些法律到处都几乎同样不健全,都同样无法减轻我们的苦难。人民按自己意愿选出来的统治者,可以根据这些严厉的法规,以公正和义务的原则去压迫人民,并且在实行暴政的时候还能受到称颂。如果不废除这种法律,是不可能提出反对暴政的。

不同职业之间的奇怪的区分

由于偏见,造成了普通人之间不应有的区分;也正是这些偏见制造了各种职业、各种人才之间的区别。偏见贬低一部分人,抬高另一些人;偏见出于无知和粗鄙,贬低那些眼看沦为人类渣滓的人的心灵和智慧,而同时唤起和激励那些可望摆脱微贱地位的人的灵巧和机智;偏见还助长那些自命高人一等并企图维持这种高位的人的胆量,激发他们的幻想。

那些为免于贫困而不断劳作的人,只从事沉重、粗笨、下贱和奴役性的工作的人,人们称之为下等手艺人,他们只需具备比动物稍高一点的本能就可以了;那些创造某种娱乐品从而令富人和穷人都需要的人,人们称之为艺术家;而那些思考、判断、创立体系、把一切我们所谓的真理加以艺术化并立成规则的人,那些调节我们的习惯、习俗和调整我们社会与政府的体制的人,人们称之为贤人、学者、立法者、政治家。

祖国的利益和我们个人的利益不再相关,两者相去很远,使我们觉察不出其影响。我们为祖国效力，劳绩的大小不再以我们为之实际出力的程度如何来衡量，而是以我们从事的职业的假想的贵贱来估量。我们的工作便单纯就这种考虑来加以衡量，我们的报酬也只根据眼前需要按比例来分配。因此穷人不得不只满足于少得可怜的酬劳；而游手好闲的富人，或是那些舆论认为有才干的人，做着极其轻微的工作，却领取优厚的报酬。然而，最高政权需要有才干的人的协助以进行统治，便向这些人慷慨施舍财物，为此不得不向最不幸的穷人榨取。于是乎产生这种极不相称的现象：涌向君主的国家的财富被散发，并且传到那些有力量去占有它的人的手里，而这还不算大人物的巧取豪夺呢。由此导致了国家财富和私人财富的不幸差别。

难道可以说，在自然秩序中，心脏衰弱而四肢却充满活力，或者是心力充沛而却叫四肢无力吗？然而，在我们的政治制度中却发生这种情况，至少是交替出现。于是导致庶民疏远祖国，对祖国产生怨恨的现象，而祖国对她的大部分儿女也变得残酷起来。不幸的人说：既然国家对于我是空的东西，没有任何好处，干吗要强迫我满足国家的需要，促进它繁荣昌盛呢？让国家灭亡好了；国家的不幸并不会增加我的不幸，也许我甚至在它覆亡的废墟上多少会找到一些好处呢。政治家，或政府强加的重压没有落在他身上的人则说：千百万人死于贫困或在可悲的境况中苟活，这又有什么要紧呢？只要共和国一般来说能够繁荣就行了。

战争的原因，征服者的丑行

在那个不幸的年代，人们竟想到分田、分森林、分牧场、分家畜,甚至河流、湖泊也加以瓜分;那时集居于一块土地并习惯于共同过安宁生活的人彼此还多少保留一点儿表面的团结,因为尽管各自的利益已经分开,但私利还未大到和增长到使同一社会的成员竟至流血和决裂的程度,即使强盗之间也会遵守某些纪律的。但随着人民改换住地,彼此远离,他们变得互不认识,于是只作为不同种类的动物互相看待。由于同一地方的人之间带有多少的互相尊重,占有的狂欲有所克制,较为收敛,而对于没有共同之处的人就以为可以肆无忌惮了。每个人都认为,消灭或远逐自己近邻的另一个民族就是为社会服务。于是导致民族间非正义的残酷的战争。这种可怕的祸害来自那个引起我们自己的孩子之间轻度的嫌恶、轻度的争吵的同一根源。

我能够用什么样的笔触来描绘这种暴行呢?最残酷的野兽都不曾因其贪婪而显示过这样的例子。它们并没有整个种类集结起来去消灭另一个种类,而现在两个民族大量的人群布满边界,带着盲目的激情互相交锋,彼此冲杀。咳!我们竟看到人类欢快地从事千万种暴行,嘲讽辱骂受他们狂暴之害的不幸者,而且整个民族竞相以残暴为荣。虽然人们有时是由于需要而不得不采取这种恶劣的凶暴行为,但他们很快就养成习惯,不需借口、毫无原由地去干,而且以此为荣。那些胆子最大、最凶恶的人变得令人生畏,甚至对于自己的同胞也是这样(因为谁不害怕丧失生命,谁就会很快控制别人的生命)。他们不可一世的气焰在自己人当中或在战败者当中都赢得了荣耀。勇敢和无畏变成了美德。的确,自从战争成了必要的灾难以来(至少为了正当的自卫是如此),就得以荣誉或利益为动力,去激励一部分人冒最大的艰险以保存整个民族。

人们称之为勇武的狂暴(这种狂暴也服务于它使之致富的人)引起了恐惧和惊讶,无疑正是恐惧或惊讶神化了这种狂热癖好,神化了征服者的可怕名字,而这名字该是一切名字中最可鄙的。

再者,由于一连串的错误使人们陷入混乱之中,并且不得不以犯罪为生,他们变得连自己也讨厌自己,以为也令神厌恶。他们把一切令他们害怕或对他们有用的东西都奉为偶像,他们甚至荒唐到把在最坏的人身上发现的一切特征,即如愤怒和残忍的报复,都加之于最高的主宰。

由于这种偏见在心灵中打下很深的烙印,而且一般地说,也由于所有刺激人的统治欲的偏见,同样由于利欲熏心,才促使公民们(他们对祖国已不再抱有真诚的爱)为国家冒了险去效力。那些统治我们的人,自己也像我们一样,受到阿谀奉承和笼罩世界的可怜的财产和私利观念所支配,他们也是带着这种相同的偏见,为满足自己的野心而掌管财富并使用社会暴力。如果人们现在没有那么凶残,他们不再无缘无故地互相争斗,甚至如果定出在哪一种情况下人们才可以合法地互相厮杀,我就要问道:民族的光荣,国家的鼎盛,远大的追求,以及千百种人们称之为国是的借口,尤其还有某个指挥耗资巨大的战争的独一无二的家族的异常荣耀,所有这一切都是些什么东西呢?其实都只不过是掩盖我们的贫困的浮华的外表而已。

欲念、尤其是爱情的败坏

道德家和立法者想要探索心灵的隐蔽之处,他们要在那里寻找混乱的原因和根由。以严肃的面孔出现的道德告诉他们,我们欲念的源泉就带有毒素。他们怎么办呢？他们要把泉源弄干，截断其流。许多世纪以来贤士们就是这么做的。有些人研究我们的苦难，并无成果，而且总是把真正的原因搞错；另一些人只满足于嘲笑和惋惜人们的处境；若干人在设想千百种方案来改革我们的风俗。然而拿什么去对抗无数的恶习呢？友谊、爱国、孝心、夫妻之爱的规诫；宽宏、公平、感恩、高尚、勇敢、坚定、德行、耐心、克制的规诫；驯服、顺从、忠实、温和、殷勤的规诫；荣誉、廉洁、正义、无私、诚意、礼仪、贞节的规则：这些就是道德学校里所宣布实行的训谕。

法律和道德在礼仪的外表下想要窒息我们心灵中最温柔、最平和、然而也是最强烈的感情，想要窒息它的呼吸和生命；它们要这种感情，正像要所有欲念一样，服从于对私利、对荣誉、地位、权势的偏见的膜拜，因为它们预料，如果让这种感情毫无羁绊，它就不会和这一切虚妄的东西连在一起；它们正是为了要让这种感情受其支配，才使它变得极端放荡。

从地球上去掉私利，

你就会消除战争……

J. B. 卢梭

而爱就会恢复它的权利；爱将不再朝三暮四，见异思迁，诌惑诱人；卖淫这个可耻的字眼将再不为人所知；美人将绝不会因为要成为母亲而感到羞耻，也绝不会做出罪过的努力以求避免显露母亲的身份。

私利使心灵变质，给充满柔情的关系撒上痛苦，把这种关系变为沉重的、夫妇都厌恶同时造成夫妇反目的锁链。婚姻是永远相爱的庄严许诺，甚至这种冒失作出的许诺破裂以后，人们仍然得始终联系在一起。多么不可思议的矛盾啊！

绝大多数立法者，甚至那些人们认为最贤明的人士，都不曾规定婚姻不可分离。所有的人都感到，一项法律迫使人做不可能做的事，即迫使人履行协约的条款，而构成协约的基础和要素其时已不复存在，这样的法律是严酷而有害的。然而，只以双方相爱为基础的协约，为什么冷漠或憎恨，不可以如死亡或阳痿那样将它打破呢？

道德和法律企图违反自然的意愿来统治人，把爱情作为罪过，制造一切玷污爱情的偏见；从此，爱情就变得不专一、淫秽、无耻、放荡。这有什么奇怪的呢？我们的心灵生来就向往一切以温和简便的方式趋向于欢乐的事物，而现在始终得不到这种甘美的饮料，焦渴如焚，却又不得不拼死忍住不去解渴。这时候，不管法律如何大叫大嚷也没有用，没有人再去听它的。法律就得容忍那些因它缺乏远见去防止而造成的过分行为；似乎上天乐于在这方面暴露人类法律的弱点，乐于惩戒人类的法律，因为它指摘自然不完善或有缺陷而以此原谅本身的无能。

那些企图规范风俗和推行法律的人们，当他们致力于破坏一切道德基础的时候，他们不会想象到还有什么比他们的大部分巧妙的制度更为有效的东西了。

啊，君主和立法者们，你们自称是人民的判官和安抚者；毋宁说你们胡乱设计和胡乱安排的法律，是你们自己胡思乱想的条理化的产物。这些法律造成了多得惊人的私利，导致大量的各种偏见，成为闻所未闻的不和与犯罪的永久因素。你们不得不去平息争执、吵闹、怨恨,不得不去压制由你们的规则所给予的训诫而引起的不公平。你们不得不时刻以另外一些相反的规定去废除那些规则。可怜的建筑师啊,你们粉刷的是倒塌的大厦。你们的臣民的风俗,仿佛是受过多的发酵素作用的饮料,不时地满溢出来。你们企图强行改变自然,硬要给自然制定规矩。你们强使自然负担无谓的义务而把自然激怒。自然的教训是简短、准确、有力、一致而恒久的。如果没有什么异常的东西使自然的这些美丽的神圣景象失去光彩,人类的心灵总是乐意遵循自然的明智指引的。自然的意志是明显的,无需新的阐明。不要去做它的解释者了,而要去做它的保持者吧。

人对于神可能有的合乎情理的观念;崇拜和宗教感情的败坏

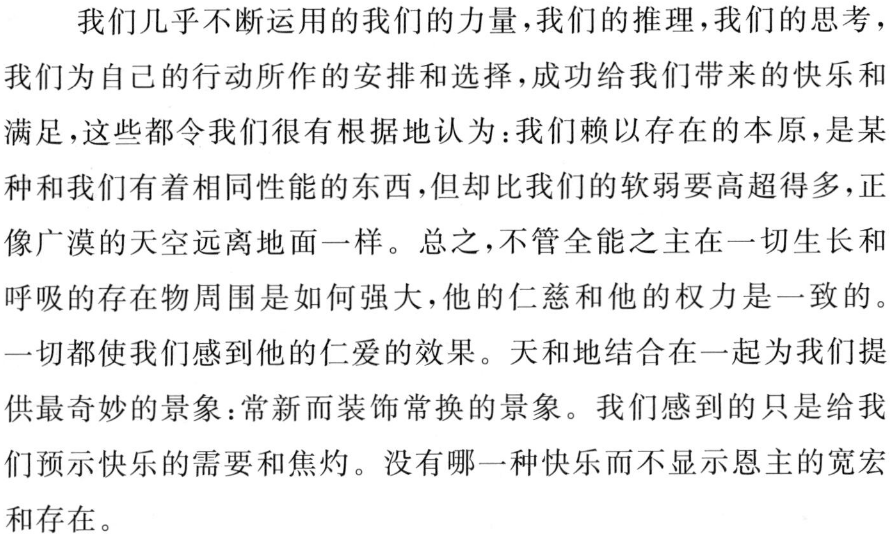

我们几乎不断运用的我们的力量,我们的推理,我们的思考,我们为自己的行动所作的安排和选择,成功给我们带来的快乐和满足,这些都令我们很有根据地认为:我们赖以存在的本原,是某种和我们有着相同性能的东西,但却比我们的软弱要高超得多,正像广漠的天空远离地面一样。总之,不管全能之主在一切生长和呼吸的存在物周围是如何强大,他的仁慈和他的权力是一致的。一切都使我们感到他的仁爱的效果。天和地结合在一起为我们提供最奇妙的景象:常新而装饰常换的景象。我们感到的只是给我们预示快乐的需要和焦灼。没有哪一种快乐而不显示恩主的宽宏和存在。

诚然,我们不能清清楚楚地像认识和指出父亲与朋友那样去认识和指出那个做了那么多善事的造物主。但是我们要那样去认识抱着迫切心情自动为我们服务的存在者，又有什么必要呢？如果这个存在者比我们有能耐，他无疑也会超乎我们的认识能力的。如果说，在我们看来像无限之光中的一点火星的东西我们都不理解，我们又怎么能够凭借照到我们身上的微弱的光芒来了解浩瀚的光海呢？既然我们除了通过神的恩赐便没有别的方式去认识神，那么就让我们利用能够给我们提供某种赏心乐事的全部生命时光吧。

上帝把宇宙献给全体人，也献给每个人，献给各种族全体中的每个人。他的恩德是如此浩荡，全体人一道也无法领受完毕，而且如果行动一致，也不会在这一享受中彼此损害。

那个全体人都属于他的天主，是不需要人们任何东西的。可是，由于我们会因受恩而感动（因为我们有理性，有着无疑非常聪明、本质十分善良的理性），什么都不需要的天主乐于向人类大量施赠，高兴地看到他们无处不受恩。天主喜欢看到他们为此而受感动，喜欢看到他们感恩戴德。他要在人们心里点燃的正是这种火焰，这就是在活祭坛上闪耀着的供奉他的祭祀之火。下面就是其仪式：

宇宙是上帝的住所。他的全部能力等于教堂。只要我们从睡梦中醒来睁开朝向阳光的眼睛，我们就受到光华夺目的天幕的眩照。有时我们用歌声去赞颂他，而更多的是不断以比乐声更雄辩、更迅速的思念对他颂扬，这就是我们对于至高主宰所表示的最初的敬意。我们的餐桌摆满鲜果和美酒，这就成为我们的祭坛和祭品。我们的祭祀是利用这些物品保养自己并享受与此不可分开的愉快。我们的意识就是我们的祭司。它以最有说服力的方式指点我们。普通人啊,让你们自己充分感受造物主的恩德吧,模仿造物主的仁慈吧。每当我们赞叹“这东西多美,多好,多妙!”的时候,我们表达的是感激之情。我们集中力量从事生活必需的劳动,这就等于在准备祭品。休憩和娱乐就是我们的节日。总之,我们全部行动构成了持续不断的祭祀。

各民族之所以趋向于给神的总观念加上新的称谓,那是因为我们把自己所重视的东西归于上帝的缘故。自从私利和偏见使人爱上馈赠和荣誉,自从人乐于看到自己同类在自己面前卑躬屈膝,人便以为上帝也被同样的尊崇所打动。在按每个人的地位、权势、财产、权利进行分配的观念之上形成了这么一种公平观念:尽管它的规则是专横而多变的,但它却把自己的意愿加在不变之主的身上。它惩罚对于它所建立的秩序来说是罪恶的那些行动,因为这类行动要推翻现存的秩序。它以为无穷智慧之主和它一样见识短浅,也会生气而且会惩罚同样的罪过。

胡乱采取的措施必然导致一片混乱,随之而来的是在按照不稳定原则安排的社会的成员中间不断交替地出现犯罪和赎罪的行动。

在你们的共和国中,一个人只有舍弃他取得的东西或只有不要那些足以显示出比他高贵的人的东西,才能弥补自己对于别人的过错,才能承认某一主人的威望或权势。人以为自己割爱某些财物便可以打动拥有一切的神。由于他没有什么可交给神,于是好像自己作践自己似的,他破坏、毁掉他献给一切幸福之源的东西,似乎他认为由此就可把自己的献品归到这个广阔的胸怀之中。

上帝给人们指出了幸福的恒定之点，即自然。人们有可能偏离它；而离开这条幸福的途径，那就是谬误、罪恶，惩罚也就同时而来。灾害、痛苦以及欲念平静时的惋惜、懊悔并不是某一满足自己记仇心理的主人的无谓报复，而是在发出劝告：要回到那种人们那时比作贫困的状态中去。

法律分割人类，用暴力将其削弱。法律要想让其七零八碎的各部分服从于整体不存在就行不通的规则。这无异于想不加粘连就要把沙固定下来。法律向人宣布："你要是犯罪，你就得完蛋。"而它却使人处于非犯罪不可的境地。

你们的法律的可怕威胁阻止不了人们去违犯它。你们以神的名义造出来的威胁更为吓人，可也遏止不了犯罪。如果有谁是好人、善人，那他是超脱一切恐惧的。因此，为了加重普通人的不幸，竟用未来的、直至延续到死后的苦难去吓唬他们，那是毫无必要的。谁不给人带来不幸，谁就用不着使用威胁去使人服从。最高的仁慈之主就是这样的。我认为他让人们想象到这种可怕，只是为了引起令理性难堪的反感，从而引导理性改正关于造物主的观念，以及关于人类真正之善的观念。

一再犯错误的灵魂，从你们称之为命运的苦难被推到罪恶的苦难之中，又从罪恶陷入悔恨和刑罚之中；当它已摆脱束缚和感染（这曾败坏与某种它已不再留恋的人生有关的可爱事物）的时候，为什么人们还认为它保留着与它已无关系的某些恶性特点呢？我要说的是，它已摆脱了这些灾难，不在这个世界，为什么人们还要认为它会这样呢？

哪里谬误不复存在，哪里就不可能再有恶行；哪里不再有堕落行为,哪里就不再有惩罚。

像插入炉中的铁可以取得不同的热度一样,轻微的过失、恶习或犯罪也同样随之而带来相应程度的惩罚。如果你把铁从炉火中抽出来,让人离开令其犯罪的地方或场合,铁就不会再通红,人由于停止作恶,也就不再感到害怕和痛苦。

你们社会的胡乱安排引起了混乱,这种混乱触及的只是社会,也只违抗社会的意愿。由此社会就来惩罚人,它无法使人变好,于是就抛弃他们。可见,惩罚是社会本身无能的标志。能说神也是这样的吗?神不进行惩罚。神是要让人从谬误中解脱出来使之免于受罚的。

上天建立了人们看来不断变化的秩序,这个秩序不停运转而又回到原处,或是往无限不断延伸,不见尽头。既然这样,一切违反这一行程的规律的东西不是由于出差错和犯错误而带来损失,便是由于灭亡而必然受到惩罚。

对人们的最后忠告

人类啊,现在你们可以自由而安详了,你们要组成的是一个完全一致的和谐的大集体。让千万种愿望、感情、倾向汇成一个唯一的意愿,让这个意愿推动人们走向一个单一的目标:共同幸福;让这种极大的幸福像阳光一样,普照众人。你们来当幸福家庭的共同之母吧;愿所有东西都是属于你们的。愿千万双手把丰收的果实、工艺的成品都集中到你们的宝库之中。愿他们不断向宝库提供的东西比由于自然需要而可能从中取出来的东西更多吧。你们不会再因各种荒谬或可耻的观念的牵制而疑惑不决。你们不会再受荒诞的偏见所缠绕。你们不会再被人粗暴地强迫放弃自己的见识而接受或容忍令人厌恶的反面的东西……你们不会再为天上君主建立神庙。宇宙是他的权杖的小小装饰。你们与其教人向他奉献虚荣，倒不如让人实践他的意愿：使人们像同一父亲的儿子那样互爱互助。他们既然受彼此的恩惠所打动，难道还会无视主的恩德吗？一切真正的宗教的本质正在于此，其余的一切只不过是人为的欺骗。人们借这种欺骗不去实行无限仁慈之主的意图。而主则是坚决地要求人只以实际的和有效的服务来表达对他的崇敬的。凭着这种服务，所有的人就可以彼此不仅防止任何贫困，而且防止任何恐惧、忧虑和任何人世间的烦恼。

—完—

《巴齐里阿达》摘译

Ф. Б. 舒瓦耶娃　俄译

刘元慎　何清新　译

献给女苏丹的颂词摘要

1. 土地的所有者们，以及其他大多数人，都只爱虚假的或似是而非的真理，这种真理的含糊的措辞被他们用来为自己的罪恶辩解。他们喜欢哈哈镜，把自己面孔的丑陋归咎于这种镜子，或用它来掩盖这种缺点。即使他们也有时尊重明智，但是，这等于尊重费特法[①]或某些穆夫蒂的决定。穆夫蒂们只是作出了这些决定，但是没有考虑……

*　　　*　　　*

至于道德，大部分都是建筑在不可靠的基础上，因此在这上面建筑的所有房屋，几乎都是不牢固的。在我们的作家中，有些人感觉到了道德的弱点，但不敢深入地去研究道德；这是因为害怕暴政统治垮台会威胁政治与迷信，唯恐会暴露他们的无知和虚伪。另一些作家表示他们坚决主张土地私有。这就是他们所能做到的一切。一般说来，除了少数敢于据实描写的作家外，大多数人都在自

① 费特法（阿拉伯语）——穆夫蒂所批准的裁决书。——译注

己的叙述里用大量的美丽辞藻来代替真理,尽量宣扬一般人所崇拜的偶像。

卷1,第11—13页。

第　一　首

2. 在像一面镜子似地反映着包括世界并统治世界的深奥明智的辽阔海洋里,在风平浪静和没有潜伏着危险的暗礁的广阔大海里,有一个富饶的国家。在它的晴朗天空下,大自然陈列着它的最珍贵的宝物。自然界不像在我们这些充满忧伤的地方,把这些宝物埋藏在地下。在我们这里,人人贪心不足,企图从地下把所有的宝物挖出来,但始终不去利用它们。而在那里,有宽广的良田沃地,不必特别用力耕种,就可以培育出所享用的一切食物。平原像一张五颜六色的美丽地毯,上面有连绵起伏的形状可爱的小山;山坡上遍布着四季常青的树木,枝条上挂满了累累的红色果实;这种树木常年开花,不断结出新的嘉果。山巅上长着常绿的雪松和峭然耸立的冷杉;看样子,它们的高傲梢头好像在支撑着苍穹;它们好像一排排圆柱,支持着饰有彩陶和宝石的短墙。在这些瑰丽的小山脚下,有盛满清水的池塘,无数小河淙淙奔流;河水澄清,一眼可以看到沙底,发出潺潺的声音,反射着河底的黄金和珍珠的光辉。清水里渗有芳香的汁液;无数条暗渠把河水送到植物的根部,滋养植物开花结果。植物的果实吸收了这种芬芳的汁液以后,向空气里散发出香甜的气味。这里的空气清新,没有被死神在临终前所派遣的瘟神弄浊。

在这个幸福的国度上住着一个民族,他们的风尚高洁,使他们

有资格占据这块富饶的土地。这个民族不知道万恶的私有制①,私有制是世界的罪恶的渊薮。他们认为大地是所有人的乳母,她对待自己的孩子一视同仁,首先向她最饥饿的孩子张开胸脯。在这里,人人都认为自己有责任使土地丰收,没有一个人说:这是我的田地,这是我的黄牛,这是我的房屋。农夫看到他人收割他所耕种的庄稼时,心里不会着急;他自己也可以到别的地方去取得满足自己需要的东西。

他们说,神创造了这样多的人,只是为了使他们互助。既然神创造人也跟创造不过社会生活的花草树木一样,那么,人也要跟植物一样,从大地吸取他们的养料。天意不想使他们失去一切;如果儿子不需要父亲的帮助,父亲就不会对儿子产生本性所赋予他的那种温和感情。最后,每个人生下来就不愁吃不愁穿,可以得到维持生活所必需的一切物品时,本能马上会指示他们如何利用这些东西。

神性的意图完全不是含糊不清的。神把它的全部恩赐物都放在一个宝库里:人人跑到这里来,急忙把它打开,每个人从里面各取所需,而看到他人所得的东西比自己多时,也不因此感到不平。渴得要命的行人走到清泉旁边,看到一个比他更渴的人多喝了几杯这种令人爽快的饮料的时候,完全不会对他嫉妒。如果大家希望扩大这个宝泉,将会有许多人同心协力,毫不费事地把这项任务完成,而他们的劳动也要受到重大的奖励。对于自然界的其他恩

① 此处和全诗的其余各处,皮尔派(据说是古代印度人警世寓言集的作者——译注)都反对大多数道德家所虚伪地或恶意地主张的原则,他们到处在本来没有你的和我的之分的地方,宣传他们的 cuique suum(“物归其主”)的观点。

赐,也都抱着同样的态度[①]。

这个幸福社会的基本生活规则是:任何人都不认为自己不应当劳动,同心协力使劳动变成了有趣和轻松的活动。我们都知道,当百花盛开的时候,勤劳的蜜蜂便飞向广阔的田野上去采蜜;它们成群结队地飞在一棵树的周围,发出嗡嗡的叫声,好像在互相鼓舞;当傍晚来临,田野上抹上一层红色霞光的时候,它们不慌不忙地飞回去,把采来的花粉送到那个爱好劳动的共和国的公共仓库。这里的人民也是这样,每当大地回春的时候,他们便高高兴兴地忙着耕种田地,而被高尚的竞赛精神所鼓舞的人,即种地最多的人,觉得自己是幸福的。这个人说,我的朋友,我实在高兴,我愿意为大家做其他更多的有益的工作!至于在丰收期间采集果实的时候,则有无数只手把可爱的果实堆积成山。做完这一切工作之后,便开始娱乐:跳舞和野外聚餐;用各式各样的果实做出美味佳肴,人人可以大吃特吃,尽情享用。一句话,庆祝这些工作的日子,同时也是充满欢乐气氛的节日。[②] 度过这种节日后,便是享受甜蜜的休息;我们在狂欢之后,从来没有体验过这种甜蜜的休息。

卷 1,第 4—8 页。

① 这一点和以下的一点,是皮尔派的最高道德的基本原则。

② 秘鲁人也有这种风俗。

第 二 首

3. 虽然在这个国度里到处都是一律平等[①],但是做儿子的要承认生他的人、在幼年期间抚养他的人是自己的父亲,并在感到自己的理性发展和智育成长有赖于这个恩人、得过这个恩人的温柔关怀的时候,要以敬爱来报答他的恩情。

……在同胞中间,能够向人民指出最舒适的生活方式的人,能够迅速排除困难的人,最受尊敬。简而言之,善行是唯一的高尚称谓;感谢、友谊、颂扬、服从和钦佩,是人民对这种真正具有威望的人表示尊敬的证明。

但是,在这个国家里居首位的,是一个对其他一切家庭保持父权统治的古老家庭。人民给予这个家庭以特权时,既不是根据荒谬的宗法权,也不是根据所谓永久统治权。只是这个家庭对人民所作的善行,他的英明和远见,它对人民的热爱,才是它掌握最高权限的不可动摇的基础;它经常热烈地表现出的这些高贵品质,给它带来了光辉;而吸引人心归向于自己的本领,则是它的政策的实质。

* * *

……君主政体的职权在于:按照以彼此信任为基础的一致行动,决定在什么时候为公益而活动和应当做些什么。这种国家的

---

① 大概,诗人要在这首诗里揭露那些强调地位不平等的人的缺点。这些人一致认为,自然界创造人时,人人都是平等的,但是他们不了解共和国是怎样在平等的基础上建立起来的。为此,要进行许多的限制,并以巧妙的方法来加深人们的贫困。皮尔派在这首诗里向他们指出了建立社会的正确方法,要求在社会里保持公正的差别,这种差别是自然界本身给人们规定的。

人民理解身体的四肢必须互相爱护这个真理的意义，但是，在提出它们应当互相帮助的问题时，它们却不能有效地完成这个任务，也不能在没有领导的条件下及时地完成这个任务。在脚应当完成这项职能时，手动了起来；而需要眼睛为手指示方向时，眼睛却闭上。这自然不会有什么均势、一致和动物的行动秩序。他们说，没有领袖的民族也会发生同样现象。

也像轮船受有经验的领港人的指挥而开动一样，合理组织起来的、并为一种精神所鼓舞的社会是根据一种魔术，即国王的意志而开始其完全符合公益的活动的。在这里，需要多打粮食，种好和耕好田地，应当用减轻劳动的新工作方法，确定完成各项任务而应当受奖的人数，要绝对履行国王的决定，要毕恭毕敬地口传国王的命令，一直把命令传到全国各地。国王是整个经济、整个制度和各种装饰的心灵，同时也是一切娱乐、一切消遣和各种享受的主导者。他规定节日及其持续的时间；他确定节日的庆祝办法，规定节日应当有形式各异和华丽壮观的，从而使人感到愉快高兴的新颖游艺节目。

卷 1，第 37—42 页。

第　三　首

4. 现在以加倍愉快的心情叙述几种奇迹。我们赞扬和愿意分享听到我们的话的人所感到的快乐……由于你们表示愿意，我现在就来跟你们谈一谈我们祖国的情况，并拿它的现状与以前的情况比较。宽宏大量的阿里斯曼真打算装饰我们的祖国，但是，由于他已经年迈，无法实现这项计划，这个光荣任务便由值得人们尊敬的泽因吉敏[①]承担起来。从他治国以后,公民便集合了无数的劳动力,积极修筑起长长的大道,其中有些通向王国的边陲,另一些作为这些干线的支线,把最边远的人烟稀少地区连接起来……他们削去岩石,铲平高山,填平沟壑,或大胆地在两山之间架起桥梁。

……身体强壮的妇女、儿童和老人都离开自己的家庭,编成许多小组,参加了这一宏伟的工程。有的人挖土、运土、平土;有的人挑选大块石头,进行加工和雕琢;还有人在堤边植树,这些树木不久就会茂密成荫。同时,身体软弱的人和儿童,在那里用树条编造茅舍,并装饰上花朵和树叶;用青草和苔藓制造床铺和桌椅;烹调各种清凉饮料。

成群结队的人在田野上劳动。他们彼此鼓励,互相帮助。他们秩序井然,有条不紊。他们的工作分配得十分合理,使艰巨的工作能以惊人的速度完成。他们工作起来好像游戏,在这个热爱劳动的国度里,工作只用几天就可做完。每个人都高高兴兴地以赞扬的眼光看着他们有时在这里、有时在那里好像突然就开始了工作,看着他们迅速地向前移动,看着他们有时停下来,有时又像鱼网的结目那样整齐地重新开始工作。

高高筑起的宽广大道,铺着磨光的石头或用水泥砌成的结实砖块。弯弯曲曲的河道在修筑堤坝以后,都改直了;排干沼泽地区的积水,使它变成良田;为了灌溉瘠瘦的平原,又挖掘了运河和水渠,修建了水库和池塘。为了标明各地之间的距离,以及纪念对国

① 阿里斯曼和泽因吉敏是《巴齐里阿达》诗中的那个幸福国家的两个国王。——译注

家有功的公民，建筑了许多圆柱。这一切都布置得富有艺术的风趣，排列对称；使田地变成了有林荫大道的花园，里面排列着一片色调不同的绿畦，上面长着各种花草。微风一吹，成熟的谷穗就像金色的海洋在荡漾；田地的边缘，对称地布置着花园、树丛和草地。

人们生活富裕以后，便产生了爱好整齐、选择快乐并使快乐多样化的习惯。这种喜爱装饰自然界恩赐物的习惯，使我们的公民产生了为自己建筑美丽住宅的思想。他们学会了琢雕石头，建成了若干漂亮而雅致的房舍。以前，他们住在简陋的茅屋里，或者用石头砌成的宽敞舒适的住所，不装饰也不粉刷。现在，他们不要这些粗糙的房屋了，在靠近小河、树林或草地的任意场所，给自己修筑了新的房屋。这种在建筑术上还很朴素的房屋，散布在田野的各处。泽因吉敏激起了人民爱好整齐的风气：他下令拆除这些没有次序和外观不美的房屋，按照一定的次序修起新的房屋，并使房屋的外表美观。他亲自热心地设计这些房屋。

我已经说过，他关心道路的建设，人们利用这些道路把全国分成无数的广大街区；在道路两侧，每隔一定的距离，就有一片农家房屋和供行人使用的舒适旅舍，到我们的田地里去耕种和收获的人在热天的时候，也可以到这种旅舍去休息或小吃。在这种美丽大道的每一段上，都有一个高出地面的大广场，四周栽着几排树木，上面修着许多格局一致、排列整齐、宽大清洁的简单房屋。这种房屋是供某些家庭过共同生活使用的，同时离其他房屋较远。在广场的中心设有亭子和游廊，还装饰着喷泉，这是供他们游玩和吃饭使用的。在某些平原的周围，修建了不少住宅，这是为了使其中住户便于耕种，而不至于劳累。

……在耕地季节来到的时候,许多马匹都集中在田边,一声令下,就一齐开始耕地。在开始收获大地母亲赐与他们的大量果实的时候,我们的青年,头上戴着花,排着整齐的队伍,唱着歌颂最高恩人的歌曲,出发到地里去。有时,成千上万的镰刀就像一场大火一样,把一片谷穗的树林扫光。这时,年轻美丽的姑娘们把谷穗拾起,捆在一起。①

在每个地区的中心建立一所大房子,作为保管食物和其他生活必需品的公共仓库;但是,为了便于耕种而分出去的土地,并不是任何人的绝对私有财产。我们对于这个国家的最初居民陷入绝境的那个传闻的灾难原因,感到害怕。对于我们来说,耕地只是一种引人入胜的劳动,为了使自己的邻人能够得到帮助,我们当中的每一个人都急于尽快完成这种工作。我们的各个省份,互相争夺着把土地耕得最好和对他人帮助最多这种光荣。它们互相赠送最好的果实或其他任何地方都不出产的产品。如果某一地区辜负了农民的愿望,那么,四面八方的人都会跑来帮助他们解决歉收,结果他们的食物供应更为充足。在这个国家的全体人民中间扎根的友谊、诚实而真挚的同盟、和谐的效果就是这样。逐渐推广的这种风尚的良好影响就是这样。

从民族形成的时候起,我们中间就保持着充分的协调一致。崇高的泽因吉敏加强和巩固了这种联系。他对各种行业都规定了制度和良好的秩序,这些行业有的是生活的支柱,有的是为了美化生

① 秘鲁人的习惯就是这样:耕种和收获时期都是节日,而且全体出动,共同收割。——译注

活的。他在不破坏风尚的纯朴和温厚的条件下，废除了风尚中的粗野的简陋成分。以前的没有组织的团结一致，现在变成了合理的和调和的同心协力，这种协力精神的优美本质，增加了人们的活泼气氛。①

① 此处和本诗其他各处对泽因吉敏在他的人民中间所建立的秩序的一切叙述，可以使人充分了解：一般说来，这种秩序与我们在下面将要简略叙述的制度类似。

假如有一千名各行各业的人（或者随便有多少人都可以），居住在一块足以养活他们的土地上。他们同心协力，一切东西都属于公有，并且为了在这个问题上建立明确的制度，使每个人都能不觉劳累、不感厌烦、没有痛苦地参加全体所需物品的创造工作，特作如下规定：

全体共同给田地施肥，共同收获谷物和果实，并把它们送到一个仓库去保管。在这些工作的间断期间，每个人从事本行的工作。调配足够数量的工人去加工和精制农产品，或制造各种家具和器皿。工人从社会领取生产工具、材料和食物，他们只关心自己所生产的东西应当充分供应公民使用，不使任何人缺乏任何一件物品，同时把生产出来的物品平均分给社会的所有成员。艺术品，也跟其他一切产品一样，应交到公共仓库保管，或根据公民的要求由提供这种产品的人保管。

我们现在考察一下这种政策的成果：1）始终没有停止互助；2）全国各省之间，在每一件工作上都进行互助；3）任何人都没有过于繁重的工作负担，全体公民都受到奖励；4）各种物品都储存在一个地方，因此，只需要很少一部分劳动去保管不经常使用的或长期不易损坏的物品；5）谁也不想多得一点超过自己需要的东西，相信自己经常可以得到这种东西，所以各种物品虽属公有，但是，什么东西也不会被浪费。既然不得买卖任何东西，他为什么还要多余的东西呢？6）全国各省互通有无，一省把它多余的物品让给他省，但是，不通过交换、抵押或买卖方式，只是通过互相赠与方式；7）人民可以不受阻碍地与政治制度完全不同的外国进行贸易。国家把一切对外贸易企业交给某些公民经营，而经营者则把所得的商品交给国家。上述一切，证明了任何东西也不能使这些代理人把共和国改变，因为共和国里根本没有可以引起邪恶的原因。此外，这些为全体服务的商人，在全国的帮助下，受到愿意把工作搞好的希望的鼓舞，可以完成最有利的交易。我们对此再补充一点：这种政治制度可以根绝许多恶习。

人们可能说，这个绝妙的制度是臆造出来的，企图用它作为长诗的中心情节。我们同意皮尔派的说法，所有这一切意见，如果从思辨哲学的观点来看，可能是合乎道理的，但是在实际上是不能存在的。如果注意到，这位哲学家的目的，只在于证明思辨的正确性与以通行道德为基础的实际生活的虚伪性之间的矛盾来自何处，这个反对意见就落空了。

卷1，第99—103页。

5. 有人说,曾经有过一个时期,所有的动物都不贪食,它们只吃一些简单的食物;高傲的狮子、老虎、熊、狼,跟胆小的绵羊、牛、鹿和马生活在一起。在一个风和日丽的日子,它们聚在一块具有丰富食物的草地上,主张均分这块草地。一只领着三只小兽的母兽,要求给它三份草地;一只还没有生小兽的母兽,只要一份草地。后来,头一只母兽死了,接着又死了两只小兽,只剩下一只有权继承这三份草地的小兽。那只没有生过小兽的母兽,后来生了许多小兽。当它所抚育的孩子们长大的时候,只能依靠母亲所分得的那块草地生活,但这块草地勉勉强强只够一只动物食用。它们开始恳求那只继承了三份草地的动物,希望它至少让出两份草地来,使它们不致饿死。被恳求的那只动物回答它们说:"我对你们的贫困完全不能负责,在我们出生以前就已经把草地分了。我们要保留祖先规定的一切制度。你们应当自己照顾自己,我完全不愿意叫你们到我的地上来吃草。即使我现在有多余的土地,我也得把它留给我的子女。"这种冷酷无情,使许多求援的动物饿死。这种不良的事例逐渐形成风气,不久,在富裕当中出现的饥饿,迫使一些强者去吃弱者。为了消灭这种混乱现象,定出了一些规则,这些规则减少了罪恶活动,但是没有根除罪恶原因。动物养成了贪食的性情以后,必要时又用习惯巩固了这种恶习。

在被残酷无情的私有制统治着的民族中间,也一定发生这种现象。私有制是一切罪恶之母,这些罪恶犹如陷入绝望和赤贫境地的儿童。立法者总是惩罚不幸的人,却宽恕真正犯罪的人,他们的严厉法律只是用来掩饰罪恶的:他们对人的恶劣行为给予惩罚,但不知道消灭这种行为的方法。因此,只定出不准缔结不合理协议的法律……但是，这种法律本身就不合理，所以它们不是对人们加重了压迫，就是给人们增加了新的负担。为了维持自己的摇摇欲坠的威信，法律时常把无罪的行为变为罪行。

我重复一遍：能让这种现象如此经常反复出现吗？世界的永久不变的规律告诉我们：只是满足于生活需要的东西，用来维持每日的生计和享受的东西，才属于个人所有；田地不属于种地的人；树木不属于采果的人；甚至在人的个人劳动的产品中，也只有他所使用的那部分属于他自己；其余一切东西，跟人的身体一样，都是属于整个人类的。

卷1，第203—205页。

6. 有人要问，私有制，即任性和命运的夫人，残暴的怪物的母亲，可怜的贫困的后娘，是怎样统治她的儿子的。私有制坐在一堆已经无用的善的上面，对向她求援的一个不幸的女孩子说："命运为什么在我的一切财富都被人们分配以后，才叫你降生到世界上来呢？我的恩赐物一经发生，便不能收回来了，你在世间什么也不能得到；你只能看着那些肥沃的良田，花朵盛开和果实累累的树木，可是不准许你触动它们；我把这些财富分给了我的亲爱的儿子，你只能从他的手里取得一点；你要给他做沉重的工作，恳求他多发慈悲；你自己选择吧，是甘愿等待残酷和不可避免的毁灭呢，还是去为你的和他的幸福而服务呢——这就是你应走的道路。你的哥哥不需要你的爱情、温柔和热心；他是一切东西的主人，没有他的帮助，你必然灭亡；固定不移的法律迫使你对他效劳，你没有拒绝为他效劳的自由，所以他不必感谢你。如果你想解除折磨你的饥饿威胁，你就到你哥哥的粮仓去整理粮食，求他给你一点恩赐,以维持你的生活。如果你想享受你所羡慕的富裕生活,就得用自己的双手去种地,开垦生荒地,排干池沼,开山劈岭,从里面挖掘出大理石和金属矿物,建筑供消遣和享乐使用的宫殿。如果你一个人感到人手不够,你就得运用技巧,想出有效的办法,来增加富人的需要,扩大你自己完全不能享受的快乐;你得发明使他的住宅舒适的方法。汗流浃背地劳动,这是你的命运。如果可能,你要想出办法搬走那些成堆的金属,对它们进行加工;你要把这些东西变得和自然界展示给我们的一切物品同样美好——这就是你的唯一可行的办法。你在世界上,除了用自己的聪明伶俐去为富人创造一切必要的东西外,就没有其他任何东西了(啊,这就是凡人的不幸命运!);富人和你一样,也是受利益支配的奴隶,你不要让他怜悯你的可悲的穷困命运,他的心没有慈悲的感情。既然你也像他一样,被利益和贪心所鼓舞,那你就应当向他出售你的劳动;他懒惰无力,不能自己办理自己的事务,所以需要你的劳动。"

这种制度一定会使人养成一种能够消灭人类的凶狠心理。在这种不公正制度的影响下生活的人们,都争先恐后地逢迎贪心大得无边的怪物,把他尊为神仙。刺激这个地方的居民的心理活动的欲念,控制着这个怪物的崇拜者的内心。全部的土地已经不足以维持居民的生活。不久,有一个人占据了大片土地,夺取了他人的最必要的生活资料。但是,即使他对别人的不幸没有任何同情,别人的穷困也没有强烈地迫使他去援助,他也应当很快相信不能享用掠夺来的果实。同时,人的温和而敏感的本性,又在启发人们的互助愿望,只是周围的人遭到可怕的穷困,他就应当帮助他们。

人们能够相信这样吗?差不多到处的人都要互助,这不是出于博爱，而是因为不这样的话，人们就要自己消灭自己。我们的整个社会的可悲命运要求这样，我们的德行和我们的罪行的可怕原则也要求这样。希望和恐惧会使我们提高警惕或走向极端。

毫无疑问，在最初一个时期，那些得到我们称之为命运的那个盲目之神的恩赐的凡人，那些因恐惧而使自己变成最好掠夺的凡人，把他人只看成是可恶的敌人，觉得应当压迫他们，迫使他们处于低贱地位，或消灭他们。另一方面，在不幸的人的身上，对自己的贫困的尖锐感觉，以及与此永远联结在一起的恐惧心理，压倒了他的其他一切思想，他认为继承大量遗产的人只是最不公正的篡夺者，是自然法的破坏者，是利用自然法来损人利己的人。他以自己的全部力量，在绝望之中反对这种暴政。他怀着摆脱困苦生活或根绝灾难的愿望，武装起来反对靠他享福的人，把这个人吓得哆哆嗦嗦，唯恐别人把他的财产抢去，陷入他人正努力摆脱的那种微贱地位，并像前者为改变不幸状态而斗争那样，疯狂地保卫着他的私有财产。

于是，像两块巨石相击时迸出无数火星一样，从这两种强烈感情的对立中产生了许多恶行和罪行；像拍岸的惊涛一样，前拥后挤，急于占据新的位置，唯恐广阔的大海不能全部容纳它们那样，人们也在疯狂地互相争夺土地。私有制和利益的最初结果，以及对这种残酷之神所奉献的最初牺牲品，一定是这样。

卷 2，第 38—43 页。

7. 国家的一切财富，就像血液流向心脏一样，都集中到国王手里；但是，这种血液被浪费了，因为在某些容器里装得过满，而在另一些容器里则装得非常少。于是，使四肢陷入麻木不仁状态，没有一点气力和精力。

我们的统治者的可怜状况与此相似,他们的最高权力就是这样。其次,有人把施善之神比作弱光的照射,它的光线被周围的物体遮断以后,勉强能够影响离光源较远的物体。这些保持着残缺不全的国土的君主,是掌握真正大权的人世间最有势力和最厚颜无耻的大臣的阿谀奉承对象,他们的伟大在什么地方呢?这些大臣也不过是自己的受庇护者的奴隶,正如人民在被他们的主人统治时期受到贫困和压迫的奴役一样;在这种情况下,主人本身是怎样认为人民是幸福的呢?

我们的某些君主试图管理自己;他们有充分的能力和勇气,把这个担子肩负起来;但是,他们在希望粉碎这个光荣的俘虏的锁链时会遇到多少困难呢?他们在打算向人类供献光明正大的服务,由此确应得到英雄称号的时候,会遇到多少障碍呢?他们应当克服被偏见和恶习所腐化的无数意志方面的什么反抗呢?需要什么力量和高尚的精神来使他们不沾染或放弃这些偏见呢?为了整顿他们所治理的社会,他们需要废除多少骗人的规则、多少粗野或有害的习惯呢?

我们的某些国家的最高政权,似乎属于那些比较有学问、比较仔细和比较温和的公民,因为最高政权被若干人分别掌握,而且表面上给了他们自由。不管人们怎样理解这种自由,一般都是希望得到这种自由的。这种分权,在私有制和利益所造成的惊人不平等的状况下,丝毫也没有改变这些国家的不幸居民所受到的最大痛苦,这不过是使人能够高声喊冤的可悲慰藉而已。这些国家里的穷人,有时比只受一个君主统治的国家还少。但是,不幸却经常是大多数居民的命运。这些国家的人民不是专横跋扈的政权的奴隶，但是，他们却要服从严厉的法律，这种法律几乎到处都不受人欢迎，而且都不能减少罪恶活动。人民根据自己的意志为自己选举的统治者，可以按照这些法律的严格要求，以公正和义务的原则为名来压迫人民，而且在实行暴政的时候，能够得到表扬。如果不修改法律，是不能反对这种暴政的。

最高政权本应当是自然法和人权的保障者，在每个民族最初形成的时候，就曾经是这样的。当时，父权在兄弟之间建立了完全平等，因而向其余的人树立了最温和的统治的榜样。我认为，这种政策在野蛮时期被最强悍和最粗鲁的民族所利用时，无论是对自愿服从它的人，或是对在它的武力压迫下变成它的奴隶的人，都几乎同样残酷无情，而在比较和平的时期，则为一般虚有其表的德行和不太严重的恶习粉饰门面，人们都设法使自己的行为符合于这种德行和恶习。

卷2，第61—64页。

8. 偏见在凡人中间创造了不应有的差别以后，又把这种差别传到各行各业，散布在有天才的人们中间。这种差别贬低一些人，抬高另一些人；并以同样的精神，降低了那些变成人类滓渣的智慧，使他们变成无知和愚蠢的人。对于还希望能够摆脱微贱地位的人，这种差别刺激他们爱好技艺，并支持他们的这种爱好。对于自命不凡、觉得自己高人一等，并企图保持这种状态的人，这种差别更鼓起他们的勇气，燃起他们的幻想的念头。

不断为生活的贫困而斗争的人，只适宜于做沉重的、粗笨的、下贱的和奴役性的工作的人，被人们称为下等手艺人；为了完成上述这类工作,人们只具有比动物略为高明一点的本能就可以了。创造某种舒适生活、发明某种可以减轻一部分人的劳动并给另一部分人带来新的快乐的东西,从而使他们变成富人和穷人的必需品的人,被人们称为艺术家。思考、判断、整理和用艺术或命令形式表达我们的一切虚构真理的人,被人们称为名人、学者、立法者和国士,他们为我们制定了习惯、风俗、社会机构和行政管理体制。

* * *

……在我们的这个世界里,只是在遥远的古代,祖国利益曾和我们个人利益一致,而祖国利益对于每个人的影响几乎没有差别,但是现在用来衡量我们对于祖国的贡献的,并不是我们实际上为祖国所忍受的痛苦,而是我们所担当的工作的虚构的重要性。只是根据我们的职业的作用来评定我们的贡献,而我们获得的报酬,则与现实对于该项职业的需要相符合。因此,穷人只好忍受少得可怜的一点报酬;游手好闲的富人,或被舆论界认为有才干的人,虽然做着极其轻松的工作,却得到优厚的报酬。正是因为这样,在管理国家方面需要这些有才干人士的帮助的最高政权,才用大量的财物奖励他们,而购买这些财物的费用,最高政权却不得不从不幸的穷人身上去榨取。于是,国家财富向君主手里集中的这种巨大比例失调现象逐渐扩大;国家的财富都被有力量取得它们的人所掌握,听任世间伟人的贪婪挥霍。于是,在国家的财富与私人财富之间出现了不祥的差别。

从事物的自然秩序的观点来看,可以说心脏是软弱的,而四肢是有力的,但是也可以说,充满力量的心脏能使四肢无力。其实,在我们的政治制度中,至少是轮流着发生类似的现象。于是,庶民逐渐对祖国疏远，日益对祖国产生一种憎恨心情，而祖国也对它的大部分儿女慢慢残酷起来。既然国家对不幸的人没有什么好处，既然国家没有对他们进行有效的帮助，那么，他们怎么能够说：让我们来帮助国家，使国家繁荣富强起来呢！他们会说：让国家灭亡好了，因为国家遭到的不幸，并不能加重他们的不幸，甚至在国家灭亡以后，他们还可能从国家废墟中找到一些对自己有利的东西。政治家或不担任国家工作的人说：如果千百万人死于贫困，或者过着极其贫困的生活，那么，共和国最终即使能够繁荣，这又有什么意义呢？

卷 2，第 65—69 页。

附录(二)

摩莱里的共产主义理论

〔苏联〕B. П. 沃尔金 著

刘元慎 何清新 译

一

摩莱里这个名字是十八世纪法国文学史上最神秘的名字之一。从1743—1755年这个短短的时期内，曾出版了六本关于哲学、政治和社会问题的书，这些书显然是出自同一个作者，其中有几本署了摩莱里这个名字，另外几本是匿名出版的。但是，关于这些书的作者、作者的生平和他的友人，当时几乎什么都没有记载下来；就是后来史学家的考究也不能帮助我们更多地了解他。事实上一切有关摩莱里的传说都带有假说的性质。例如，不久以前人们还在争论：摩莱里的那些书究竟是一个人写的还是两个人写的；又如，甚至现在还有人怀疑"摩莱里"究竟是实有其人呢，还是什么人的笔名。[①]

摩莱里的著作在十八世纪并没有得到传播。只有他的最后的

① 见李什丹贝日(Lichtenberger)：《十八世纪的社会主义》，法文版第106—107页。姆·勒鲁瓦(M. Leroy)：《法国社会思想史》，法文版第243页。格·希纳尔(G. Chinard)：《"自然法典"出版序言》，1950年版第9—10页。希纳尔反对两个摩莱里论的见解，我很同意；关于"笔名"的问题，看来，还不能认为最后解决了。

两本著作《巴齐里阿达》和《自然法典》在出版时才引起了某些社会人士的注意。不能说，摩莱里的著作获得这样的遭遇是应该的。摩莱里的哲学的基本原理无疑是渊源于洛克。但他在发展这些原理的同时，却创立了一种非常彻底的体系，这种体系在认识论和伦理学方面都先于爱尔维修[①]和霍尔巴赫[②]的后期体系。早在1743年出版的摩莱里的第一部著作就非常清楚地阐明了下列各种学说：感觉产生观念的学说，关于自爱是一切美德的源泉的学说，关于环境在人性形成中的决定性作用的学说，关于公益是善恶行为的标准的学说，关于幸福是人生目的的学说。在这里，我们看到，摩莱里除了承认有一个最高的存在物（它可以惩罚和奖励那些对有关宗教的偏见进行攻击的行为）以外，同时还把和理性一致的、充满纯道德的宗教说成是真正的宗教。很难说，为什么摩莱里著作中的这些思想在十年以后会在法国社会上获得这样广泛的反响，而在当时却没有引起读者的注意。看来，当摩莱里在自己的著作中陈述这些思想的时候，使这些思想成为资产阶级思想体系的组成部分的那些必要的社会条件，在当时还没有成熟。但是，不管读者为什么对于摩莱里的哲学著作表示冷淡，在十八世纪法国哲学史上，他都应当在大百科全书派的先驱者中间占有一个位置。

摩莱里最重要的一部著作《自然法典》发表于1755年。这篇

---

① 克劳德·阿·爱尔维修（Claude A. Helvétius，1715—1771），十八世纪法国唯物主义和无神论的杰出代表，法国资产阶级革命活动家的思想先驱之一。——译注

② 保尔·昂利·霍尔巴赫（Paul Henri Holbach，1723—1789），十八世纪法国唯物主义和无神论的主要代表，法国的革命资产阶级思想家，《百科全书》的编纂者之一。——译注

阐述共产主义原则的论文是匿名出版的。从那时直到十九世纪这一漫长的岁月里,人们一直认为这是狄德罗[①]写的;在1772—1773年,人们把《法典》列入阿姆斯特丹和伦敦的大百科全书派著作的两个版本的篇目中。狄德罗本人并没有参与这两个版本的准备工作,而且甚至有两部著作出版以后,他也认为,没有必要(不管这是怎样稀奇古怪)去反驳广为流传的他是《法典》的作者的说法。当然,他的沉默只能使这种说法更加证实。1796年在审判制造所谓“平等派的密谋”这个共产主义组织的参加者时,巴贝夫[②]曾在自己的辩护词中援引了狄德罗,肯定狄德罗是《自然法典》的作者和共产主义的导师。十八世纪启蒙哲学的敌人们(特别是拉加尔普[③])在十九世纪初期曾经广泛利用这种传说作为破坏启蒙哲学的这位最伟大代表人物之一的名誉的手段。就在这时,狄德罗的辩护人力图为他开脱共产主义的罪名,并且为了这个目的,搜集了一切能够搜集到的材料来“恢复”狄德罗这位《法典》的假作者的名誉,同时把该书的真正作者的名字确定了下来,永远把他列入了现代共产主义先驱者的行列。1841年,维尔加尔德第一次用摩莱里的名字出版了《法典》。

① 德尼·狄德罗(Denis Diderot,1713—1784),法国伟大的启蒙运动者,唯物主义哲学家,十八世纪资产阶级革命的大思想家,百科全书派的创始人和《百科全书》的编辑。——译注

② 格拉古·巴贝夫(François Babeuf,1760—1797),法国革命家,空想共产主义者,是平均共产主义者的思想家之一,领导“平等派的密谋”纲领,1796年5月密谋泄露,1797年5月27日被杀害。——译注

③ 让·法朗莎·德·拉加尔普(Жан Франсуа де Лагарп,1739—1803),法国戏剧家。十八世纪末叶法国资产阶级革命以后堕落成反动分子。——译注

巴贝夫无疑是正确的，因为他指出狄德罗和摩莱里是自己的导师。巴贝夫主义的思想渊源于摩莱里的学说。当然，作为革命共产主义者的巴贝夫主义者和这位导师中间隔着资产阶级大革命，因而他们就不得不以某种方式把十八世纪中叶的这位有些过时的启蒙学者的学说吸收到当时的经验和要求里。但是无论如何他们是和这位导师紧密地联系起来了，可见《法典》对于他们的影响是无可争辩的。

但是，摩莱里之所以值得我们注意和研究，不仅由于他是巴贝夫和“平等派”的导师。摩莱里这部书的直接的宣传作用不能仅限于十八世纪范围以内。摩莱里对于下一代的共产主义者，即对于十九世纪前半叶的空想共产主义者来说，也是一位导师。1830—1840年，法国共产主义情绪重新高涨起来，这时人们又重新对共产主义的老作家们发生了兴趣，其中，除了巴贝夫主义者（邦纳罗蒂[①]）而外，摩莱里也占有首要地位之一。显然，摩莱里对卡贝[②]的空想共产主义也发生了影响。当时一本最富有独到见解的共产主义书籍的作者，即空想共产主义的最伟大的代表人物德萨米[③]就不止一次地指出摩莱里是共产主义理论的最高权威，是自己的直

① 菲力普·邦纳罗蒂（Filippo Buonarrotti，1761—1837），法国革命家，巴贝夫运动的历史学家，原籍意大利，是巴贝夫“平等派的密谋”的主要参加者之一，对十九世纪三十年代的革命家有过很大影响。——译注

② 埃蒂耶纳·卡贝（Etienne Cabet，1788—1856），法国空想社会主义者，波旁王朝复辟后成了秘密烧炭党党员，1830年七月革命的积极活动家。在哲学观点上他是唯心主义者。——译注

③ 德萨米（Théodore Dezamy，1803—1850），法国空想共产主义革命派最著名的代表人物之一。主要著作是《公有法典》。——译注

接先驱者。在这个时期的其他共产主义的体系中,对《自然法典》也作了某种程度的介绍。

在空想社会主义发展的所谓唯理论的阶段,摩莱里是一位典型的代表。唯理论是唯心主义社会哲学的一个派别,它的特征是把理性制度和非理性制度对立起来。某种适合于自然和理性的制度是存在着的。它也许已被理性所"发现",并且已被理性从人的天性中引申出来。现存的社会制度是非理性的,它是人类理性愚昧和错误的结果。为了过渡到理性制度,必须使理性的光芒驱散无知的黑暗。必须发现真理,在人间传播,因而真理也就不能不取得胜利。人类的历史就是这样由人类理性的过错以及对理性的发现而形成的。

我们可以看到,从托马斯·莫尔①开始直到十九世纪所有的空想社会主义的代表都具有这种唯理论观点的因素。莫尔认为他所描述的乌托邦制度,从人们的世俗利益的观点看来,是最合理的、最适宜的制度。这个制度之所以好,是由于它符合人的自然规律、人的自然爱好和人的最可靠的领导者——理性。另一方面,傅立叶的"社会法典"即在社会关系中保证和谐的规范的总和,也是他用纯逻辑的方法从人的最基本的天性、从人的情欲中引申出来的。"社会法典"的原理适合于自然的和理性的要求。对于早期的即十七和十八世纪的社会主义体系说来,唯理论是一切体系的基础。愈是接近十九世纪中叶,在各种社会主

① 托马斯·莫尔(Thomas Moore,1478—1535),空想社会主义的创始人之一,杰出的学者,人道主义者。他生于英国伦敦的一个法官家庭,就学于牛津大学。亨利八世时历任国家要职,后因被控"叛国"罪而被处死刑。——译注

义的理论中,历史现实主义的色彩就愈浓;在这些理论中,我们就愈能够找到更多的对社会关系的唯物观的萌芽。但是社会主义要彻底从唯理论的传统中摆脱出来,只有在它和乌托邦断绝关系,并且在辩证唯物主义中找到真正的科学基础的时候才有可能。

十六—十七世纪产生的唯理论的社会哲学,是正在上升的资产阶级思想体系的一个组成部分。它是当时先进的资产阶级思想家手里最漂亮的工具,他们用它来和不合乎理性要求的封建秩序的根本原理作斗争,用它来建立新兴资产阶级的理性的和自然的秩序的基础。由于唯理论观点对空想社会主义发生了深刻的影响,所以研究空想社会主义发展史中的那样一个时期就具有很大好处,而这种影响在当时是具有非常大的力量的。摩莱里无疑是当时最有独到见解的社会主义思想家。他的《自然法典》是"唯理论的"社会主义的最鲜明的和最彻底的范例。

我们已经看到"人的本性"的概念在唯理论的社会理论中占有怎样的地位。关于从自然界脱胎出来的那种人的观念,即关于摆脱了这种或那种社会制度给他灌输的一切东西的那种人的观念、关于"一般人"具有自然特性的观念,是不以时间地点为转移的,因此在十八世纪中叶,这种观念就广泛地流传开来,几乎被普遍地使用着。抽象的"自然人"是"自然"法的学说的——意识到的或没有意识到的——前提,而自然法是一种产生于人的本性的规范的体系。在摩莱里以前,自然法的学说,唯理论世界观的这个产物,在十七世纪和十八世纪初的哲学家和法律学家，如霍布斯[①]、斯宾诺莎[②]、格劳秀思[③]、普芬多夫[④]等人的学说中，就已经形成了完善而典范的形态。可以说，唯理论的社会思想几乎是不懂得用别的方法来分析社会的和政治的现象的。唯理论所宣传的"合理的"秩序(它之所以是合理的，是因为它是用逻辑的方法从某些公理的前提中引申出来的)同时也是"自然的"秩序，因为逻辑过程的出发点是"人的本性"。"Nunquam aliud natura，aliud sapientia dicit"(自然所说的与智慧所说的永远是一样的——译者)——这是摩莱里在其《人类理智论》(1743年)中引用了朱味那尔[⑤]的一句话。

从这些前提出发，也就产生出一种在十八世纪广泛流行的历史观点。这种观点认为，人类的生活是从"自然"状态开始的，那时，人只是依从他的本性所赋予他的那些规范而生活的。在这种观点看来，人类社会的进一步发展，就是人类丧失这种幸福状态而过渡到受脱离自然界及其控制的实在法的支配。自然状态这个观念，好像是关于古老传说中古人的"黄金时代"的唯理论的不同的

① 托马斯·霍布斯(Thomas Hobbes，1588—1679)，英国唯物主义思想家、大资产阶级思想家。——译注

② 巴鲁赫·斯宾诺莎(Baruch Spinoza，1632—1677)，伟大的荷兰哲学家、唯物主义者和无神论者；按其政治观点来说，是资产阶级民主阶层的思想家。——译注

③ 雨果·格劳秀思(Hugo Grotius，1583—1645)，荷兰法学家、哲学家、资产阶级国务活动家。资产阶级国际法学说的创始人。是自然法的早期理论家之一。——译注

④ 普芬多夫(Samuel don Punfendorf，1632—1694)，德国法律学家和历史学家。——译注

⑤ 捷齐姆·朱味那尔(Децим Ювенал，生于公元60年代—卒于公元127年后)，罗马的大讽刺诗人。——译注

说法。在十七世纪，特别是在十八世纪初期，不仅在理论文章中，而且在不同于被文明搞坏了的欧洲人的“善良野人”的美术绘画中，也都不止一次地反映了这种思想。可见，摩莱里在分析社会关系的时候，自己就已经有了很熟悉的道路可走了。自然人——自然法——自然状态，——所有这些阶段都不止一次地被唯理论的社会思想研究过。

“在道德的领域内，天性只有一个，它是永恒的、不变的”，——这就是摩莱里的社会理论的基本原则。人性的规律永远是不改变的。诚然，事实告诉我们，习俗在变化，野蛮民族和文明民族也在变化，但这绝不是说，它们的天性也发生了变化；这只是说明一些民族脱离了天性的某些常规，而其余的常规对于这些民族说来仍然是正确的。民族被破坏了，但天性并没有被破坏。“人离开了真理，但真理并没有灭亡。”任何一个民族如果能切实执行自然界的要求，那么他们就能适应自然规律。[①] 立法者的理性任务在于理解自然规律，并且找出一条原理，让人们有所依据而不至于远离自然，这也就是说从自然的规律当中作出适当的结论。人类社会为了要变成幸福的和有道德的社会，就必须按照自然法典来生活。

“自然”的思想是摩莱里体系中的中心思想，但是这个思想在他的思想里，也像在十八世纪其他许多启蒙学者和一切早期的社会主义者的思想里一样，是和“上帝”的思想联结在一起的。摩莱里按其哲学观点则和爱尔维修、霍尔巴赫很接近，但摩莱里却坚决

① 参看本书第 29 页。

反对唯物主义。他认为唯物主义是荒谬的、经不起批判的学说。在宗教问题上,他和伏尔泰[①]比较接近。和唯物主义世界观相反,他的世界观是符合理性的自然神论的世界观,它认为世界是由“建筑家”创造出来的,建筑家不能对自己的创造物的命运漠不关心。摩莱里的上帝是一切现存事物的原则;同时,正如我们看到的,这个上帝也就是可以奖励和惩罚人的上帝。和伏尔泰一样,摩莱里认为,世界的存在和结构,人性的存在和人的能力,本身就足以证明神的存在。只有瞎子在观察世界的时候才否认上帝。如果说唯物主义的和无神论的谬论能够得到广泛的传播,那只是因为伪善者们利用宗教来达到他们自己的目的,把宗教作为统治的工具。人们是很了解上帝的存在的;所谓圣贤们深入研究这门知识的一切企图,只会歪曲神的原来的思想。[②] 对神的尊敬、崇拜应当彻底清除一切迷信,清除一切宗教神话,因为这些东西使真理遭到损坏。崇拜应当符合理性,它应当渗透着为大家所公认的真正的道德。[③]

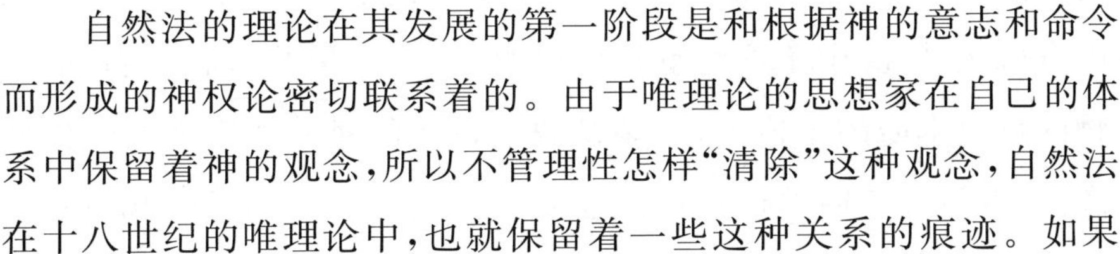

自然法的理论在其发展的第一阶段是和根据神的意志和命令而形成的神权论密切联系着的。由于唯理论的思想家在自己的体系中保留着神的观念,所以不管理性怎样“清除”这种观念,自然法在十八世纪的唯理论中,也就保留着一些这种关系的痕迹。如果

① 伏尔泰(弗朗斯瓦·玛丽·阿鲁埃)(Voltaire,1694—1778),十八世纪法国著名的启蒙运动思想家、作家、哲学家。——译注

② 《巴齐里阿达》法文版第2卷第218—223页。

③ 《人心论》法文版第186页;《君主论》法文版第122页;参阅希纳尔(G. Chinard):《“自然法典”出版序言》法文版第21,33—34页。

神是世界秩序的始因和创造者，那么，自然规律显然也是它创造的。摩莱里提出了物理世界中的不变的运动原则；无疑，他也会给人的行为提出同样的不变原则。人既然是用理性来了解自然规律，那他也就了解神的旨意。有趣的是，傅立叶的相应的论断和这许多思想是多么接近。虽然傅立叶并没有同意摩莱里的共产主义的观点，但摩莱里对傅立叶的影响完全是有可能的。

在摩莱里的理论中，和自然、理性相符合的社会状态，不仅是一种可以探求得到的东西，不仅是一种社会理想；而且完全是人类史上的实在阶段和起点。自然人就是原始人。他毫无瑕疵地从自然界中脱胎出来，他的本性、他的自然要求必然不会引导他，并且确实不曾引导他在自然环境中去作恶，而是去行善。摩莱里说："人既没有天赋的思想，也没有天赋的习惯。在自己生命的第一分钟，他对一切都完全是无所谓的。"他的灵魂是一张白纸，什么也没有画上；或是从帷幕后面选择出来的一面明镜，用来放在无数形形色色的事物当中。人的印象和思想决定于周围事物在人当中引起的有机运动，决定于这些事物作用的方法[①]。但是人在盲目的、动物的自卫本能的压迫下，立刻摆脱了自己的对一切都无所谓的状态。"自然界英明地使我们的需要和我们的力量的增长相符合。"如果人不作任何紧张的努力就能满足这些需要，那么人就会停留在原始状态，就会没有任何东西来刺激他的发展。"如果需要能轻易地得到满足，那也就不需要什么超越动物的本能的知识了。在

① 《人类理智论》法文版第 2—3 页；参阅希纳尔：《"自然法典"出版序言》法文版第 12 页。

这种情况下,人的社会性就不比动物多。"实际上,自然界对人是这样来安排的:人的需要常常是不大超过人的能力范围的。这种如此简单而奇怪的机械论,仿佛是专门为了从人类里面产生出优美的结合物而创造出来的。一个人的力量要是软弱和不足,就会促使他去联合其他的人。人由于认识到不能用个人的手段来完全满足自己的需要,便开始找寻接近自己的同类的方法,以便在共同的行动中、在社会集体中,找到所缺少的力量。人必然要变成适合于社会的生物。①

我们看到,摩莱里是和十八世纪法国唯物主义哲学(爱尔维修、霍尔巴赫等人)一致的,他从自卫本能中引申出社会属性以及人的道德。值得一提的是《自然法典》比爱尔维修的名著《精神论》(1758 年)早出版三年,而摩莱里的第一部著作《人类理智论》又比它早出版十五年。但是,在摩莱里那里也可以找到与神的和神的旨意的观念相联系的其他道德观点和社会观点的因素。例如,他断定,神把不可磨灭的"真诚"注入人的心中,硬说,专管制造善良行为的那种感觉是"我们一出生就获得了的"。这些感觉是自然的内在呼声,是在宇宙的总秩序中无限英明的先定的结果。摩莱里在《巴齐里阿达》中甚至承认友爱是社会生活的第一个推动力量,这种友爱最初由自然界注入一切人的心中。因此,在他那里,爱已经不仅仅是一种不以人类理性为转移的独立力量,而且是一种基本的、从古就有的力量。毫无疑问,我们看到,摩莱里在解释社会的产生时,是把两种极易区别的倾向结合起来了。但是也不应当

① 参看本书第 15—16 页。

认为，这种结合是摩莱里的学说所特有的。我们甚至在像狄德罗这样出色的思想家的身上，在像《百科全书》这样优秀的著作里面也可以找到上述的这两种倾向。显然，这种动摇反映了唯物主义世界观成长的过程，反映了这种世界观要摆脱以唯理论为基础的旧道德倾向的困难，因为唯理论既不能辩证地解决社会产生的问题，也不能揭示人类社会属性发展的历史进程。

需求的平等和才能的多样化一定会加强人类的集体精神和团结精神，前者提示了平权的思想，后者使人们意识到努力联合起来的好处。为了使这种团结精神不致遭到破坏，自然界赐给人类土地，由大家共同经营，土地的收成由大家平权地享受，自然人是不知道私有制的，摩莱里说："世界是一张饭桌，它足以陈列所有共餐者所需要的一切，桌上的菜肴或者属于一切人，因为大家都饥饿，或者只属于某几个人，因为其余的人已经吃饱了。所以，任何人都不是世界的绝对的主人，任何人也没有权利要求这一点。"①

符合这些共同原则的自然状态，不只是遥远的过去的事实。摩莱里断言，甚至在现在也能找到严格遵守这些整个物质自然界的神圣规律的人。他认为美洲最北部的那些部落就是这样的人，在十八世纪的法国文献中（从以传教士身份访问新大陆的耶稣教的神甫到卢梭为止）也都广泛地传播了这些部落的"自然的"生活的理想。②

摩莱里说："差不多所有的民族都想过或者现在还在想着黄金

① 参看本书第 16—17 页。

② 参看本书第 29 页。

时代。”实际上,这个黄金时代也就是人生活在上边所描述的原始社会的条件下的那个时代。从这个以平等和公有制为基础的原始社会制度,过渡到以不平等和私有制为基础的现存制度,究竟是怎样发生的呢?人类是怎样脱离自然的呢?

黄金时代是原始的纯洁的时代。人生活在共产主义制度下,并没有意识到这是一个最美好的、最有希望的制度,摩莱里认为,就在这个**不自觉的情况下**,人的唯一的缺点使他有堕落的可能。[①]

摩莱里认为,人类的繁殖及其影响是原始人类社会瓦解的直接的**物质**原因,这种原因如果缺乏**不自觉**和无知这一基本的原因,那就没有什么意义了。摩莱里说:“任何一个民族,不管它的人数多么众多……必然是以一个或者几个联合的家庭开始的。”当这些家庭还是很小的时候,他们服从父亲的自然而温和的权力。在这个宗法时期,唯一的法律是亲属的眷恋和温情的法律。父亲把共同的财富分给所有的人,丝毫不攫为私有。摩莱里说,美洲的各民族就是这样进行管理的。古代的斯基福人[②]也是这样进行管理的。他引用斯基福人来确定十八世纪的自然状态理论是与各种相应的古希腊的理论直接相联系的,因为摩莱里在古典文献,特别是罗马文献中发现了极其渊博的学识。摩莱里继续说,这些民族并不感觉有成文法的需要。但是,随着人口的增长,随着家庭成员人数的增长,维系着他们的亲属的感情,以及以这种感情为基础的父权一定被削弱下去。当一个民族由于人口增长不得不迁居新地方

① 参看本书第 78 页。

② 斯基福人(Скиф)古代黑海北岸的游牧民族。——译注

的时候，宗法时期的社会关系就迅速地纷纷瓦解了。旧秩序崩溃了，新秩序还没有建立起来，人类势必就进入一个混乱和纷争的时期。人们在修养不够和头脑不清以及在不懂得“智慧之神”的告诫的情况下，就会受各种各样的和片面了解的个人利益的驱使，而和社会冲突，造成全面混乱。摆脱这种混乱情况的出路是，社会必须建立不以感情为基础而以精确的法律为基础的新的政权、新的制度。人丧失了自己的自然状态。为了回到自然，或者至少接近于自然，生来自由的人就得使强加在自己身上的错误服从那些自己制定的法律，承认自己矢忠于自己建立的政权。

不管社会上产生的统治权力是委托给谁的，它永远是公民为了自己的共同福利集中意志创造出来的。元首和社会缔结条约，根据这个条约，公民放弃自己的一部分自然权利，有义务服从元首的命令，因为这些命令是元首根据条约所赋予他的权力颁布的。这些命令变成了元首用来维护自己的权威、执行自己的意志以实现共同福利的工具[①]。

摩莱里在《君主论》中研究各种管理形式的有关价值时，得出了一个结论：在理论上最容易使人接受的形式是那种使主权掌握在人民自己手里的形式。但是民主制并不具备政权的巩固所必需的协调，因此，民主制一运用到实际马上就会蜕化。公民之间由于财富、职位、荣誉所引起的竞争，使私人利益战胜了公共利益，造成了阴谋和叛乱——最后，使整个社会崩溃。社会的平衡常常只是靠所谓的自由恢复起来的，而这种自由是由有钱有势的人从软弱

① 见《君主论》法文版第 8 页；参阅希纳尔：《“自然法典”出版序言》第 28 页。

无力的人那里购买或是窃取来的。强者篡夺了政权,而在人民手里只留下了自由的影子,自由的幻想。少数人的统治权的确立并不能终止争取政权的斗争;只有这些有钱有势的人把政权交给某一个自己人的时候,或者当某个人自己夺得了政权的时候,这种斗争才会结束。这样,人民政权经过了几个阶段,最后,变成了选举的或者世袭的君主政体。

十分显然,摩莱里在写《君主论》和《巴齐里阿达》时,就把君主政体当成了保证公民福利的最巩固和最好的管理形式。同时他比较喜欢的君主政体是世袭的,而不是选举的,他喜欢君主专制而不喜欢君主立宪。只有专制政体才能使人们幸福,摩莱里甚至有一次称它为"le vrai déspotisme"(真正的专制主义)[①]。政权的理想,就是专制君主的政权,而这样的君主只是关怀自己臣民和被这些臣民所尊崇的那个人的福利。在《巴齐里阿达》里所描写的理想社会中占统治地位的正是这种开明的专制主义,在这个社会中"善良的帝王"是共产主义国家的组织者和领导者[②]。

摩莱里认为,在创立法律和国家制度的过程中,曾经犯过人类史上的一个最大错误。人民,或者更确切地说,受人民委托去创立新制度的那些立法者,完全不了解他们面临的任务。法律应当追求一个目的,即恢复被破坏了的自然秩序和原始的公有制。由法

① 这个公式近似重农学派的《déspotisme légal》(合法的专制主义)。

② 很奇怪,像希纳尔这个十八世纪的社会思想的权威研究者,好像忘了十八世纪曾存在和传播过这个概念(在政治蜕化和不科学的现代化的情形下),而用十八世纪不曾有过的这个"极权主义"的概念来代替它。反动的政治倾向从来不会对科学研究有利。

律所确立的规章好像应当是自然界总规律的一部分结论，无论如何也应该和总规律一致。

摩莱里想鲜明地描绘一个英明的立法者在这样的条件下会做些什么。为了这个目的，他把自己假想的圣人派到美洲去，给美国的狩猎部落立法。当然，这些圣人努力教这些野人学习对他们说来是新奇的艺术和工艺。他给他们讲解农业和畜牧业的种种好处，以及农业和畜牧业比他们现在作为谋生手段的狩猎捕鱼优越的各个方面。但是狩猎部落认为，部落的全部土地是公共财产。立法者会不会劝他们把土地分为小块来种呢？当然不会。立法者所关心的是保留自然的土地公有性，因为他们的社会就是以此为基础的。摩莱里说："只要他不打算对自然产品或是人造产品进行分割，一切条件都将有利于他执行计划。"当然，过渡到新的生产方式要求有许多新的、比较详细的调整标准。必需确定满足全体社会成员的需求所必需的各种物品的数量。必须确定各种职业的效用的程度。必须确定每个劳动者的工作时间和产品的数量。必需按照各组的能力分配工作。所有这些当然都是必要的，但并没有任何必要建立私有制，因为私有制丝毫都不是从野蛮过渡到文明的条件[①]。

在这个日益完善、同时又保留了牢固的财产公有的原则的社会里，就不会像其他社会那样经常发生混乱、政变和暴政。摩莱里有时从这个论点出发，喜欢做出这样的结论：在共产主义社会里政治机构没有什么重大的意义。他在《自然法典》第二篇中说道：人

① 参看本书第 31 页。

民可以保留民主制,即保留家族的父权;可以实行贵族制,即把政权交给一些贤哲;也可以建立君主制,即为了使政治机构的作用发挥更大的精确性和正确性,可以把管理委托给一个人。如果社会中没有私有制,君主制永远也不会蜕化为暴政。“在按照这种方式组织的社会里,谁也不希望专权,因为社会里没有使人可以产生奴役他人的思想的私有制。在这种社会里是不会出现暴君的,因为执政者担当了最繁重的责任和工作……”[①]。

摩莱里关于政权组织的论断、关于公有制度下君主制没有危险的论断,与他在《巴齐里阿达》中对于有教养的君主所作的赞扬,虽然精神上是有差别的,但并不矛盾。更重要的是摩莱里对民主制的新态度和他在早期著作中对民主制的悲观主义的评价迥然不同。这里,摩莱里设想民主制是同等价值的管理形式中的一种,因此就好像是他在帮助读者去熟悉他在《自然法典》第四篇的立法计划中介绍过的那种民主制度。

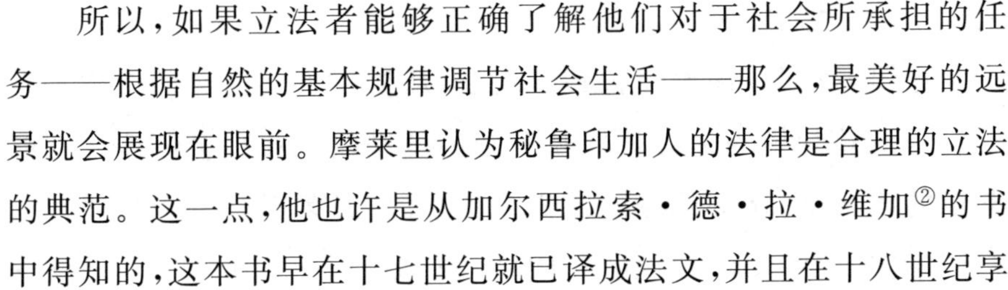

所以,如果立法者能够正确了解他们对于社会所承担的任务——根据自然的基本规律调节社会生活——那么,最美好的远景就会展现在眼前。摩莱里认为秘鲁印加人的法律是合理的立法的典范。这一点,他也许是从加尔西拉索·德·拉·维加[②]的书中得知的,这本书早在十七世纪就已译成法文,并且在十八世纪享

① 参看本书第 31 页。

② 加尔西拉索·德·拉·维加(Гарсиласо де ла Вега,约 1539—1617 年),秘鲁历史学家。——译注

有很高的声誉[①]。但是大多数的立法者并没有正确地了解他们所面临的任务。法律应当消灭舞弊和滥用现象，恢复最初的纯正的社会关系。立法者不应当把人的关系了解成混乱时期的那种关系，而只应当设法在这些远离自然的人们的关系中加入社会赖以生存的某种均衡。于是，由于第一批立法者的无知而制定了一些和“永恒的法律”抵触的人为的、临时的法律。实际上，后者则应该从前者获得力量。上帝允许人类理性用自己的微弱的力量建立它自己的道德世界，来和它那神圣的敕令并列。下面我们将看到，这种允许是怎样纳入上帝的预见的总计划中的。

人口的增长破坏了血统的感情的关系；人口的迁移破坏了占有的公共性；在各个家庭之间产生了差异。立法者不仅不和这种灾难、这种破坏自然规律的行为作斗争，反而确立了私有制，把社会脱离自然的这种现象永远固定下来。正如摩莱里所说的，私有制其实是一切社会罪恶的根源和原因，summi materia mali（万恶之源。——译者）。

这里，我们从谈论过去转到现在，从谈论人类社会的产生和发展的理论转到批判地分析以私有制为基础的现行社会制度。在摩莱里的体系中，这一部分的意义是很小的；摩莱里是一个最浅薄的经济学家，他的经济知识的范围极其有限，甚至还比不上在经济学方面很差的社会主义的那个唯理论学派的其他作家。在十八世纪，有许多人企图说明私有制在经济和社会方面的不良后果。有

① 《王家释义或印加人的历史》(Le commentaire royal ou l'histoire des Yncas, Paris, 1633)。

些人,如尼·兰盖[①]的理论,已经预见到革命以后的体系。摩莱里在批判现行制度时,首先是一个道德论者;在他看来,重要的是,人类脱离自然界的道德后果和私有制所引起的道德败坏。

摩莱里断言,不能说自然人有缺点。甚至利己主义这只“百头毒蛇”也只是天真地想在自然秩序中保留自己的生存。人只是在脱离自然时才会有缺点。虚伪的政治和虚伪的道德使他的自然品质变成缺点(这里又使我们想起了傅立叶及其关于欲念和欲念在文明中被曲解的学说)。其实,说起来只有一个缺点——贪欲。这是一切缺点的根源和向导。“请分析一下虚荣、自负、骄傲、野心、狡猾、伪善、邪恶……最终,你到处都会得到这个不可捉摸的、有害的因素——贪欲。”[②]显然,只有允许私人利益存在的地方,只有私有制存在的地方,才能产生占有欲和贪欲。因此,只是在私有制中才能找到人类所特有的一切道德缺陷的原因。摩莱里认为,政治制度的缺陷也是和这些道德缺陷有联系的。对于摩莱里,正像对于十八世纪的另一个思想家(他们向来就特别相似)马布利[③]一样,道德和政治实际上是一回事。凡是私有制存在的地方,就有一种力量在统治,即个人利益。而在私有制统治的地方,要寻找一种

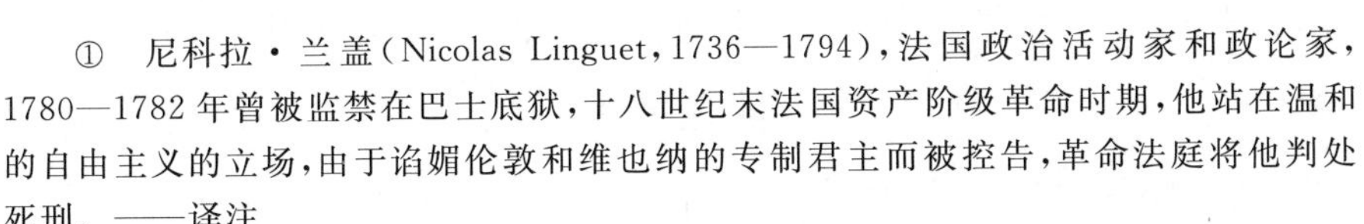

① 尼科拉·兰盖(Nicolas Linguet,1736—1794),法国政治活动家和政论家,1780—1782年曾被监禁在巴士底狱,十八世纪末法国资产阶级革命时期,他站在温和的自由主义的立场,由于谄媚伦敦和维也纳的专制君主而被控告,革命法庭将他判处死刑。——译注

② 本书第20页。

③ 加布里埃尔·博诺·马布利(Gabriel Bonnet de Mably,1709—1785),法国历史学家,空想共产主义者。他的空想主义反映了“第三等级”中最受压迫的阶层的愿望。——译注

保证人类自由的完善形式，是徒劳无益的。如果不斩断个人利益的根子，不消灭私有制，那么不管是什么样的政府、什么样的法律，情况都是丝毫不会改变的。但是只要废除"讨厌的私有制"，就足以使人们恢复自己原来的美德。

只要私有制存在，一切旨在改善社会秩序的措施，都只是苟安的治标办法。通过镇压、法律、警察和行政措施，可能使社会获得表面上的秩序，但这种"秩序"只能使那些一无所有的人、那些靠劳动只能勉强糊口的人贫困。社会上照旧存在着有钱人、懒汉、文明人和劳动过度、终日不得温饱的贫穷人。我们还没有看到，摩莱里对于当时社会的社会关系进行过更具体的评述和批判。

二

摩莱里的社会理论是乐观的。他和我们上面所提到的马布利的社会政治理论的主要区别就在于此。对比一下这两种理论，可以帮助我们了解，摩莱里是根据什么理论前提想来改造社会制度并消灭这个制度中由于存在私有制和个人利益所产生的罪恶。马布利不相信人类有恢复自然状态的可能。由于私有制和个人利益的产生，人的天性就被歪曲了，从而把他的天性变成了有害的欲念。马布利说道："在有地产，因而有不平等状态的社会里……想象不出一个看来一切都是可能最好的制度……。""我们的社会把人们分为不同的阶级，而它们的利益不仅不同，而且还对立。"[①]不可能使穷人相信他的贫穷是自然的和必然的；不可能说服富人使

① 马布利:《文集》法文版第11卷,《关于自然秩序的疑问》第26页。

他放弃自己的财富。理性反驳欲念的论据是软弱无力的;欲念是我们的统治者,而不是逻辑的明确性[1]。于是马布利得出了这样一个结论:教育并不是一个改造社会的决定性力量。而既然他不可能找到使社会回到共产主义去的其他力量,所以,他就不得不承认这个任务是不能彻底解决的。

我们从马布利的著作中,从十六—十八世纪的许多空想主义者的著作中可以看到用阶级观点看待社会关系的萌芽,虽然这些观点只具有非常原始的形式。托马斯·莫尔谴责现存的制度是非理性的制度,但同时认为用合理的理由说服国王改造社会是不可能的,因为国家好像是富人们维护个人利益的阴谋。十八世纪初期的梅叶[2]则更清楚地认识到社会利益的矛盾。梅叶认为社会罪恶的根源是人们的无知。但是富人和显贵、国王和神甫都利用这种无知来达到自私的目的。所以为了消除世界上占统治地位的不平等现象,不仅需要教育,而且需要被压迫者起来反对那些绝不会自动让位的压迫者。在摩莱里的著作里,我们甚至看不到对于社会矛盾力量的这种原始观点,他在这方面的言论,也是非常少和不肯定的。我们已经提到过,摩莱里知道,私有制产生个人利益,但他并没有根据这个论点得出任何可以运用到社会和政治方面的明确结论。摩莱里的唯理论非常彻底,正是由于他彻底相信理性的力量,而使他对于未来得出比马布利可能得出的更乐观的结论。

摩莱里认为,理性的力量高于一切。理性的理解的不够、教育

① 马布利:《文集》法文版第 11 卷,《关于自然秩序的疑问》第 48 页。

② 让·梅叶(Jean Meslier,1664—1729),法国唯物主义者、无神论者、空想共产主义者。——译注

的不够，决定了第一批确立私有制的立法者的错误，同样理性的成就、教育的成就也可以纠正这种错误，并恢复自然制度。摩莱里是进步论的热烈保卫者。他说，进步是自然界的普遍规律。“我所观察的现象向我证明，在任何地方，直到苍蝇的翅膀，都有逐步发展的过程；我体验到并感觉到我的理性在进步。因此，我有理由说，根据绝对合理的类推，在道德方面也存在着良好的增强过程，并且不管自然规律怎么有力量和怎么温和，它也只是逐渐取得完全控制人类的权力的。”①

摩莱里的进步概念带有明显的目的论的性质。他认为，只有从自然给与人的那些属性中产生的东西，换句话说，只有自然状态和自然规律，才是必然的。从人类的自然法观点看来，人脱离自然以及人类在人为的规律范围内的一切发展都是偶然的（顺便提一下，在柏拉图的思想中也有类似的观点）。“偶然性窒息了人民的血统的感情。”“无数的偶然性使人们离开了纯洁和真挚。”最后，“变化无常的偶然性”就是一切灾难，人类在自己的历史道路上是通过这些灾难走过来的。摩莱里认为，历史发展的各个阶段并不是被因果的依存性联结起来的统一链条上的必要环节。但历史上的一切“偶然性”却又非常严整地形成目的论的链条。通过这些偶然性，“万能的力量企图引导人类达到永远善良的境地”。“沿着这些阶段，预见便把人类导致完善境地”。一切旧的进步理论本来都有某种目的论的因素。而在摩莱里的思想里，这因素是以纯粹的形式出现的；在他的社会哲学中，进步和“预见的目的”的联系是很

① 参看本书第 76 页。

明显的。

上面我已经指出,人们在刚一诞生,不知道什么社会是最好的。摩莱里认为,人们享受自然状态的一切福利,并不去思考它,不了解它的优越性。只有经过无数次的实验,人类理性才会发现,没有比纯粹的自然状态更幸福的了。为了要证明这点,为了要从不自觉的黄金时代达到自觉的黄金时代(只有自觉才能使社会制度得到巩固),人类必须经过许多的灾难。野蛮时期的灾难给人们指出了他们的自然状态的价值。人们企图利用一些开始并不完善但以后日益合理的规律来接近自然状态。一些规律代替了另一些规律。为了使人们了解他们的真正的福利的所在,必须通过各种管理形式、各种制度。但是这个实验迟早都会使人们一致支持自然。“纯粹的理性惯于接受自然的教训,并且永远是服从自然的提示的。”这样,人类经过许多实验阶段以后,便从过去不自觉的共产主义上升到将来的自觉的共产主义。

摩莱里认为,将来的共产主义社会应当是统一的经济整体,受统一的经济计划指导,它考虑全体社会成员的需要,并在社会成员中间分配劳动。摩莱里的共产主义带有集权主义的性质,他所设想的复杂的经济组织要进行细致的分工,要有严密的经济管理制度。在《自然法典》中,这种集权主义观点占统治地位,虽然在摩莱里的早期的著作《巴齐里阿达》中,我们也看到他很想把社会分成小规模的、自给自足的经济单位(以一千人为一个单位)的公社共产主义。[①] 但是,摩莱里并不只是对共产主义作一般的评述,他曾

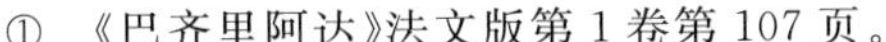

① 《巴齐里阿达》法文版第1卷第107页。

两次比较详细地描绘了建成共产主义社会的情况：第一次是在《巴齐里阿达》中，第二次是在《自然法典》第四篇。

在《巴齐里阿达》中的描绘，不论在形式上或是在实质上，和在《自然法典》中的描绘比较起来都大为逊色。[①] 在《巴齐里阿达》的故事中，使我们更加感到摩莱里的先驱托马斯·莫尔、康帕内拉，[②]以及更早期的法国空想主义者维拉斯、艾德维耳等人对摩莱里所起的影响。在《自然法典》中，甚至传统的社会主义原理也得到了出色的发展，这些原理并不是通过叙述某个地方、某个幻想的国家所实现的制度的形式，而是通过逐条的现成法律草案的新形式来叙述的。这些草案并不是没有发生影响：它们在某种程度上成为巴贝夫及其同志们在自己的密谋一旦成功的时候要实行的、因而预先被制定那些法律的范例；[③]无疑地，十九世纪前几十年的空想共产主义者们是很了解它们的。

这些符合自然的命令的制度的原则，摩莱里已在三条“神圣的法律”[④]中阐明了。第一条是废除私有制。但在这里却有保留，这是摩莱里及其时代的特征。作为例外保留下来的是，直接消费品以及“日常劳动”所必需的物品的所有权。因此，手工业工具显然

---

① 此段引文来自《巴齐里阿达》的附录。

② 托马斯·康帕内拉（T. Campanella ，1568—1639），意大利空想共产主义者，曾因自己的作品而被捕，虽然很快被释，可是仍然受到宗教裁判所的严格监视。他是一个先进的政治活动家和爱国者，参加了反对西班牙压迫的斗争，因为叛徒出卖，他所领导的秘密组织被破获，他在狱中度过了 27 年。著有《太阳城》。

③ 当然，巴贝夫主义者的法律非常详尽，但并不扼要。“平等派”打算在变革后的另外一个时候来实行这些法律，而从前摩莱里提出这些方案，只是为了更好地阐明自己的一般原理罢了。

④ 本书第 104—105 页。

就被保留在手工业者的私有制中。我们知道,托马斯·莫尔在他的《乌托邦》中为了避免私有本能的发展,他宣告对私有制的战争,并迫使乌托邦人每十年更换一次住宅,而与此同时却闭口不谈城市居民的劳动工具是公有财产还是私有财产。摩莱里喜欢把手工工具和消费品等同起来。当然,这是没有什么可奇怪的:他在自己的思想体系中反映了当时的现实关系,反映了当时大部分生产部门中劳动工具和劳动者个人直接联系在一起的那种技术水平。只有工业资本主义时代,这种联系不论在生活实践中,或是在社会主义理论中,才彻底地终断了。

第二条法律是保证公民的"生存权"和"劳动权"。这一条说,每个公民要从社会得到供养和工作。关于这条法律,我们应当注意,摩莱里是怎样说明政治自由的概念的。大概他是不把这个概念同抽象的政治权力,而是同保证满足广泛为大家所了解的人的需求联系在一起的第一个人。他说:"人们的真正的政治自由,在于没有阻碍地和无须担心地享用一切能够满足自身的自然愿望,从而也是他们的合法愿望的东西。"[1]第三条法律补充第二条,根据公民的各种权利确定他们参加社会劳动的义务。除了这个把个人和社会联在一起的权利和义务的鲜明对比外,摩莱里提出的公民的义务的问题,也是值得注意的。个人对社会利益的贡献,是根据他的力量、才能和年龄来计算的。在这个公式中不能不看到后来社会主义各尽所能这个口号的直接先驱。但是,以后摩莱里并没有从这个一般的准则中作出任何具体的结论。

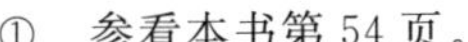

① 参看本书第54页。

一切个别的法律从逻辑上说都是来自根本法的，它们发展了根本法的一些原理使其运用到社会制度的各个方面。调节生产和分配的那些法律，对于确定摩莱里在社会主义史上的地位是特别重要的。在劳动是每个公民的义务的这个社会里，生产是怎样组织的呢？在承认自己有责任保证每个公民生活的这个社会里，分配是怎样组织的呢？

在生产方面，摩莱里在农业和工业之间划了一条鲜明的界限。农业劳动是20—25岁的一切公民的义务。这样年龄的公民组成一个好像是特别的团体，摩莱里不仅把20—25岁的农民列入，而且把牧人、园丁、石匠等也包括在内。[①] 这个团体在城市里有其专用的住宅和带仓库的工厂。[②] 摩莱里所想象的国家没有城乡对立的现象。公民过了25岁就可以离开这个团体。自愿留在这个团体的人从26岁起就成为农业劳动的匠师和领导者。这里，我们很可以看出《自然法典》和《乌托邦》两书的类似之处。在莫尔的书里，也像在摩莱里的书里一样，农业是由年青一代担负的一种劳动义务，但只有较短的，即两年的期限。在莫尔的书里，也像在摩莱里的书里一样，献身于农业、把它当做专门的和固定职业的人例外，不限于两年。无论是十六世纪的空想主义者，或十八世纪的空想主义者，都认为农业劳动过于繁重，所以在没有经济强制的社会不可能期待有足够数量的人自愿从事农业劳动。由于农业在社会经济中非常重要，所以他特别提出劳动的义务由全体居民担负。

① 本书第108—109页。

② 同上，第109—110页。

城市的工业却是以另外的方式来组织的。每一种行业组成一个团体,一个行会。每一个儿童从10岁开始就归某一种行会照管。他生活在行会的房舍里,在那里受技术教育,一直到15岁或16岁。16岁到20岁的公民是该行业的普通工人[①]。到25岁,履行完农业义务以后,他们就可以重新回到原来的工作岗位上,也可以选择其他的工作。在前一种情况下,他们只要经过一年的时间,在26岁时,就可以变成一个工长了,在后一种情况下,还要再过五年,到30岁。但是这种选择职业的自由是有限制的:社会根据社会的需要,确定每一行业的工人数目。工长训练某一批年轻的工人,监督他们的工作,替他们向行会行长负责。工长的职位是终生的,行会行长的职务由工长轮流担任,每人任期一年。公民到达40岁就可以不参加这个行会所规定的劳动。他可以根据自己的爱好自由选择工作,但无论如何要像从前那样,他担任的任何一项工作都应当有益于社会。

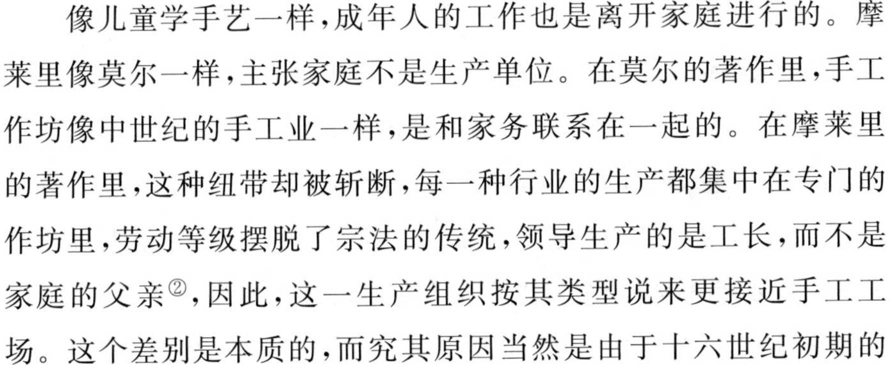

像儿童学手艺一样,成年人的工作也是离开家庭进行的。摩莱里像莫尔一样,主张家庭不是生产单位。在莫尔的著作里,手工作坊像中世纪的手工业一样,是和家务联系在一起的。在摩莱里的著作里,这种纽带却被斩断,每一种行业的生产都集中在专门的作坊里,劳动等级摆脱了宗法的传统,领导生产的是工长,而不是家庭的父亲[②],因此,这一生产组织按其类型说来更接近手工工场。这个差别是本质的,而究其原因当然是由于十六世纪初期的

① 本书第112页。

② 在康帕内拉的著作里也有一种和摩莱里的体系相近的东西,但是在他那里只是谈到一点生产组织的问题。

莫尔和十八世纪中叶的摩莱里在建立自己的思想大厦时所掌握的具体的观察材料不同。十六世纪,一般说来还没有集中的工业企业,而对于十八世纪说来,这已经不是稀罕的现象了。

社会的生产要符合社会的需要。所有的产品都要经过统计,然后分配给公民。公民之间不得进行贸易和交换,因为他们所需要的一切都是国家供给的。不易保存的物品由管理这些物品生产的人在公共市场上分配。比较耐久的产品则集中在公共商店里,每天或在指定时间内分配。分配工作由 40 岁以上的人,即由可以自由选择劳动的人,在负责人(族长们)的监督下来进行[①]。

在摩莱里以前的社会主义文献中已经十分清楚地表述了共产主义分配的基本原则。其实,这个原则早已被第一批空想主义者——莫尔和康帕内拉确立了。他们都不承认在分配中有算术上的平衡。一个说,社会分配给每一个公民以一切"需要的东西"[②],另一个说,"任何人不仅对需要上的缺乏不能忍受,而且甚至对娱乐上的缺乏也不能忍受"。[③]此外,两人都有些倾向于"按工作分配"的原则,允许把较好的物品分配给一些负责人和有一定劳绩的人。摩莱里认为不受算数计算限制的按需分配是一般的原则;和他的先辈相反,他并没有规定什么补助的供应品。但是,在某种消费品不能满足一切希望获得它的人的时候,供应量可能不得不加以缩减,或者完全停止分配直到能生产充足的物品为止,他认为这种情况是可能的。另一方面,奢侈法又规定节制消费,违者由首长

① 参看本书第 107—108 页。

② 托·莫尔:《乌托邦》,苏联科学院出版社,莫斯科,1953 年俄文版第 129 页。

③ 康帕内拉:《太阳城》,苏联科学院出版社,莫斯科,1954 年俄文版第 66 页。

严厉惩治。因此,马克思和恩格斯指出,伴随这些初期无产阶级运动而出现的文献所具有的那些粗鄙的平均主义和禁欲主义的特点,和摩莱里并不是没有关系的。[①]

根据《自然法典》,社会的消费组织只是为了一定的公民等级才存在的。所有的儿童从5岁到10岁都在家里生活,在家里都获得社会供给;从10岁到15岁的少年男女在工厂里生活,在作坊里获得社会供给;看来,农民团体也有公共食堂,他们也是住在特备的住宅中;最后,病人和残废者都获得充足的供养。其他一切公民的消费都要适应各个家庭,和每个家庭的家务联系起来。在这方面,《自然法典》跟《乌托邦》和《太阳城》不同。《乌托邦》力图消灭家务,把公共伙食和家庭伙食对立起来,而在《太阳城》中,家务和单个的家庭一样是根本没有地位的。

在这个问题上追随柏拉图的康帕内拉力求把家庭溶化在更广大的社会组织中,使男女间性的关系完全服从社会利益,摩莱里却完全和他相反。他在所想象的国家里主张并阐述了个人的婚姻制。他要婚姻制完全服从严格的规定,但是这种规定的目的在于巩固单个的家庭,把它引上合法的轨道,从而抑制使家庭瓦解的力量。摩莱里认为一切公民必须在一定年龄结婚;他又作了让步,允许离婚,但是限制离婚的权利,只许在结婚十年以后才能离婚,限制离婚双方的权利,严惩通奸。巩固而稳定的家庭在他所想象的国家里起重要的作用。诚然,正如我们所看到的,家庭在他那里失

① 参看《共产党宣言》,《马克思恩格斯全集》第4卷,人民出版社1958年版,第499页。

去了基本的经济细胞的作用，但它仍旧保留着基本的政治细胞的作用：摩莱里把国家分为许多城市，城市分为许多家族，家族又分为许多家庭。在《自然法典》中享有政治权利的不是一般公民，而是一家之父。只有一家之父才能成为族长、市长和国家元首。

在托马斯·莫尔的学说中，家庭所起的作用并不亚于在摩莱里的体系中所起的作用，他把教育年青一代的任务，在一定程度上，委托给家庭。摩莱里只是把5岁以前的儿童留在家里。所有的儿童从5岁起就到儿童乐园去受社会教育。在那里有人给他们上道德教育的课，给他们讲解国家法律；同时还有体育；儿童们通过适合他们年龄的游戏和作业为将来的劳动打下基础。从10岁起，孩子们转到工厂去，在那里主要是受职业教育。但是与职业教育有关的，还有政治道德教育。后者的基本目的是解释现存制度的合理性，并消灭私有本性，因为这种本性一经发展就可能使私有财产思想抬头。有趣的是，摩莱里把自己的工厂同时也叫做社会学院。脑力劳动和体力劳动的这种密切结合，是后来一切社会主义学派理论的特征。但是，并不是摩莱里第一个表述了这种思想。他像继承康帕内拉的全部社会教育那样，继承了他的这一思想。毫无疑问，康帕内拉是劳动学派理论的创始人之一。

从15岁开始，少年男女就开始独立生活，回到家里，从事他们学来的专业。只有其中最能干的才继续研究科学，人数由国家决定，但这不能使他们免掉在规定年龄从事农业的义务。除了这些人以外，其他公民也可以研究科学，但必须在年满30岁以后。在道德和形而上学的领域内科学探讨的对象，严格地被限于解释在规律中所表述的基本原则；摩莱里认为，任何超出这个范围的大胆想法都应当禁止。要知道摩莱里所说的理想社会的规律是自然规律。离开这些规律就好像是人类思想陷于一种危险的、因而是不能容忍的罪恶。但是,在自然科学以及技术科学方面,却给与充分研究的自由。国家编辑了百科全书,其中道德哲学这部分保留不变,并且增加了物理、数学和机械的部分。摩莱里对自然科学发展的兴趣,使他能和当时资产阶级的启蒙文献接近,并且和他尽可能充分满足一切人的需求的愿望相符合。社会哲学科学稳定不变的思想再一次使我们想起,解放无产阶级的"物质条件的缺乏",必然会在与无产阶级的早期运动同时的文献中以一些反动的特征反映出来。①

摩莱里的社会哲学及其未来社会的经济组织的计划在社会主义史的某个时期是很典型的,正因为如此,对社会主义的进一步发展就产生了巨大的影响。在《自然法典》中所叙述的管理组织的计划是独特的,很特殊;它既和推选负责人的传统(这传统渊源于莫尔并保留在法国十八世纪空想主义者的文献中)断绝了关系,又和文明的专制主义传统(我们曾经说过,这种传统是摩莱里自己在《巴齐里阿达》中提出来的)断绝了关系。但这个计划却是本书最不重要的部分。正如我已经指出的,摩莱里主张只有一家之父才有政治权利。但他们并不选举负责人,而是在新制度中自己轮流担负社会职务。各家轮流担任族长,各族族长在一年之内轮流执行市长的职务,同时,下一个父亲又代替他担任族长职位,如此类

① 参看《共产党宣言》,《马克思恩格斯全集》第 4 卷,人民出版社 1958 年版,第 500 页。

推，直到国家的首长为止。只有在一种情形下，摩莱里才提到过代表：国家的参议会是由各市参议员组成的。但是，甚至在这里，代表也是由该市参议会全体成员轮流担任，每人担任一年。而市参议会的成员是各家年满50岁的父亲。因此，摩莱里所提出的这个制度，是特殊的宗法式的民主制，是宗法制度的古怪的变形和扩大，是利用轮流办法并排除一切选举而达成的。显然，摩莱里认为，选举最尊敬的人是破坏公民的平等原则，因为在平等的社会里，一切人都应当同样受尊敬。摩莱里在其理想的国家里，取消了选举原则，从而毁坏了"智者阶层"这个观念的根基；而这个观念在康帕内拉的体系中占统治地位，在摩莱里最近的先驱维拉斯的思想里表现得更明显。在十六—十八世纪的空想主义者中，大概摩莱里比所有其他人都更接近消灭体力劳动与脑力劳动的对立的思想，虽然还带有当时所特有的平均主义的特点。在他的体系中，没有一个公民可以完全不参加体力劳动；而且所有的人都有可能从事脑力劳动[①]。

* * *

尽管摩莱里的理论是唯理论（对十八世纪说来这是自然的），尽管他具有自然神论的特点，但他的《自然法典》在社会主义史上却占有非常重要的地位。在法国，十八世纪是资产阶级社会思想最高涨的时代，是资产阶级在思想上准备对旧的封建专制制度的堡垒进行革命进攻的时代。在摩莱里以前，无产阶级还没有形成为阶级；工人的人数还相当少，而且他们很不了解自己的阶级利

① 参看本书第114—120页。

益。资产阶级在反封建主义的历史斗争中,能够倚靠广大劳动群众——城乡贫民;它的代表不仅可以充当资产阶级的阶级利益的捍卫者,而且还可以充当整个社会利益的捍卫者。但是,正如恩格斯所指出的,“在每一个大的资产阶级运动中,都爆发过作为现代无产阶级的多少发展了的先驱者的那个阶级的独立运动。”[①]在法国,十八世纪城乡贫民群众暗怀着、有时也透露出一种远远超出资产阶级的要求和目的的范围的社会期望。摩莱里的功绩在于,他根据十七—十八世纪资产阶级社会思想的原则,即唯理论、自然法和社会契约,企图从理论上领会法国那些还没有无产阶级觉悟的无产者的这些模糊的社会期望。

当然,摩莱里的共产主义无论从其方法论或从结论来说,都和无产阶级的即科学的共产主义距离很远。社会主义理论只有把自己的命运和无产阶级的阶级斗争结合起来,才能摆脱摩莱里的学说所特有的唯理论和空想主义,但这还需要经过许多时间。摩莱里的学说不能也没有变成广大群众运动的理论。它只是一个大胆的幻想,它只能在为数不多的民主主义的知识分子中间得到响应,因为,这些人按其状况来说,和劳动群众相近,并且同情劳动群众的苦难。显然,摩莱里本人也是民主主义知识分子这一类的人;因此,当时上层资产阶级知识分子中很少有人知道他,这并不是偶然的。

毫无疑问,摩莱里的体系在社会主义思想发展中,无论就形式

① 参看《社会主义从空想到科学的发展》,《马克思恩格斯选集》第 3 卷,人民出版社 1972 年版,第 406 页。

或就内容说都大大地前进了一步。在《自然法典》中，摩莱里从理论探讨方面发展了早期空想主义者所提出的各个原理，并且把莫尔、康帕内拉与巴贝夫和十九世纪空想共产主义者联结了起来。摩莱里在十八世纪中叶的呼唤，是第三等级的队伍即将分裂的预兆，是无产阶级反对资产阶级秩序的即将来临的斗争的预兆。谁对社会主义理论的发展感兴趣，谁就必须研究摩莱里。我们记得，恩格斯在1845年编制《社会主义者丛书》的草案时，就把摩莱里摆上了首要地位之一。

摩莱里作品的出版和翻译

〔苏联〕Ф. Б. 舒瓦耶娃　著

刘元慎　何清新　译

关于摩莱里的传记资料，几乎一无所有。只知道他在维特勒弗朗莎瓦（Vitry-le-Fransois）地方教过书，但是，查阅维特勒弗朗莎瓦及其附近地区的档案，并没有发现摩莱里的任何材料。某些研究家根据对摩莱里作品的个别地方的考证，得出结论说：摩莱里在发表两部论教育的书以后，就辞去教职，得到一位姓名不详的保护学术的财主的支持（显然，他当时已经是一位著名的作者了）。

摩莱里由于在 1755 年出版《Code de la Nature》（《自然法典》）一书，他的名字被载入社会主义的史册。还有其他许多作品，也出于他的手笔，比如：《L'essai sur l'esprit humain》（《人类理智论》，巴黎，1743 年）；《L'essai sur le cœur human》（《人心论》，巴黎，1745 年）；《La physique de la beauté ou pouvoir naturel de ses charmes》（《美的物理学或美的自然力量》，阿姆斯特丹，1748 年）；《Le prince，les délices du coeur ou traité des qualités d'un grand roi et systeme d'un sage gouvernement par M******》（《君主论，内心的最高快乐或对一个贤明政府的伟大法律和制度的优点的研究 M****** 著》，阿姆斯特丹，1751 年）；《Naufrage de îles flottantes ou la Basiliade du célèbre Pilpai Poème héroique en 14 chants traduit de l'indien par Mr. M******》（《浮岛的毁灭或著名的皮尔派的巴

齐里阿达。Mr. M****** 先生译自印第安人英雄史诗》,1753 年);《Les lettres de Louis XIV》(《路易十四书信集》,巴黎,1755 年);《L'Hymen vengé》(《伊曼复仇》,巴黎,1778 年)。

头三部书是用摩莱里的名字出版的。《人类理智论》和《人心论》有一个共同的标题:《Principes naturels de l'éducation》——《教育的自然原理》。

摩莱里的教育观点,显然倾向于下述思想:人们生来都是平等的,他们生下来的时候既不是一个善人也不是一个恶人,人们脱离大自然怀抱时的心灵,像一张白纸。人是在来自外界的印象的影响下形成起来的。周围的事物通过感觉器官作用于人的智慧和内心。

摩莱里说,不同的环境促使不同性格的形成。他由此得出结论说:教育家可以按照自己的意志去培养人。

摩莱里自身是位教育家,他了解儿童,并详细地叙述过他的教育方法。引起他的兴趣的,主要是社会教育,而不是个别教育。摩莱里在这方面提出的改革,至今还没有过时。他主张缩短儿童的在校时间,提倡诱导儿童独立工作,不赞成每班的学生人数过多,不主张死啃书本,反对体罚等等。由于必要,摩莱里在他的教育体系中对宗教也给予了适当的注意,但是,大大限制了宗教的作用。

摩莱里在论教育的第二部著作《人心论》中,从造物主造人都是平等的这一原理出发,指出人们中间没有地位的平等。但是,人们是为了享受幸福而被创造出来的,他们要到处去寻找幸福,到处去追求幸福。人们行为的主要动力是自爱。但是,人不能脱离他人和社会而孤独生活。因此,自爱的心理要求人成为社会的人。

摩莱里认为,人的任何一种欲念都不是恶劣或有害的。应当让一切欲念得到自由发展,这就是走向社会幸福的道路。愿望和需要的自由满足,可在人们中间创造互相团结的感情。人生来能够追求完美的东西,并且是为了尽量充分地满足自己的欲念而生下来的。教育的任务在于:从少年时期起,指导人们的欲念向符合于自然界和社会所规定的秩序的行为方面发展。

摩莱里认为善良公民(不是学者)的行为,比教育对儿童的影响还重要。应当学习,但更要实践和创造。根据摩莱里的意见,人生来就有感受道德观念的能力。经验和思维向人们指出:他们应当遵循哪些道德原则,以使自己的行为符合于社会的利益,从而符合于个人的利益。

随后在1748年于阿姆斯特丹和布鲁塞尔以摩莱里的名字出版的《美的物理学》,是献给夏特尔公爵夫人的,这本书由一对准备结婚的情侣的四篇对话构成。摩莱里在这部书里叙述了他的美学观点,以音乐作品、造型艺术作品为例解释了美的概念,以及其他等等。根据摩莱里的意见,我们的感觉基本上是从整齐和有比例的外貌接受美的。思想的精确性,判断的正确性,被想象所丰富了的真理,可使我们的感觉产生愉快的印象。

1751年,在阿姆斯特丹出版了摩莱里的第四部著作:《君主论,内心的最高快乐或对一个贤明政府的伟大法律和制度的优点的研究》,全书共两卷。作者在第一卷的附注(第120页)中说,他已经出版过两部论教育的著作,名叫《人类理智论》和《人心论》,因而说明了用M****** 署名的意义。《君主论》是以对话的形式叙述的,同时对话者的姓名也有象征性质。摩莱里在本书提出的基本原则，总体来说是：人是社会动物，一种不可遏止的力量在推动人们互助，迫使他们过社会生活。根据摩莱里的意见，从理论上讲，最好的政体是民主制度，但是，它很快会陷入混乱，变成无政府状态。因此，生来就自由的人才会同意服从君主，但君主的活动应当以公益为宗旨。公民应当是君主用来为社会造福的工具。摩莱里笔下的君主是人们的理想人物，他有一切必要的美德去公正合理地治理社会，去始终不渝地遵守自然规律，去禁止人们彼此陷害。摩莱里详细地分析了君主作为一个公民、立法者、统治者、政治家和军人的责任。他要求在商业、教育和教会等等方面进行一系列改革。摩莱里主张教会和寺院的财产应由国家没收。在这部书里，摩莱里十分重视国家和政治制度。全国的一切东西都应当完全一致，一切事物都要安排得使人能够幸福。

1753 年，摩莱里的新著（《著名的皮尔派的巴齐里阿达。M****** 先生译自印度人的英雄史诗》，参看本书所附的《巴齐里阿达》摘译）问世。在这部长诗里，摩莱里模仿当时流行的方法，把自己的著作说成是外国人的作品。摩莱里说《巴齐里阿达》是从印度文翻译过来的。《巴齐里阿达》是一部空想社会主义的长篇故事，摩莱里用寓言的体裁在里面描述了一个以共产主义原则为基础的社会。这个幸福的民族，由一个具有一切美德的君主治理着。这个民族本身没有各种恶习，而是根据自然规律生活。这个民族在覆灭了“浮岛”，即推翻了各种偏见之后，才获得了自己的幸福。

摩莱里在《巴齐里阿达》里描写了理想的共产主义社会，并拿个人主义社会与它对比，尖锐地批判了个人主义社会的一切制度和内外政策，并且猛烈地攻击战争，等等。

《巴齐里阿达》在当时就已经出名,18世纪曾再版两次。某些批评家认为《巴齐里阿达》是一部纯朴的寓意故事。但是,《新杂谈》和《公正文库》两家杂志却猛烈攻击摩莱里在《巴齐里阿达》上所表现的哲学和社会观点,说摩莱里的美丽构想只是一些空想或幻想,因为平等的感情并不是人所固有的。1761年,《巴齐里阿达》被译成英文,英国的评论界并没有把它看成是描写理想社会的作品,而是把它当作颂扬完美的君主制度的范例。

摩莱里的最著名作品《自然法典》,在某种程度上是为了回答批判而出版的。他在这部著作里,比较全面地叙述了自己的哲学和社会思想,描绘出共产主义社会的轮廓。

从《自然法典》的简短序言里可以看出,作者曾长期以各种方式隐瞒他的真正思想,但是,当他发现人们没有理解和曲解他的思想以后,便决定以不加修饰的纯朴的形式把它们介绍给读者,虽然他并没有打算迅速实现这些思想。

《自然法典》是1755年1月初在阿姆斯特丹匿名出版的。同年1月19日,雷纳尔便在《文学杂志》上,从内容、形式和体裁方面大肆攻击《自然法典》。雷纳尔认为,这部轰动一时的新书,只是在粗暴无礼方面才有出色的地方。差不多在同一时期,格兰也恶意批评《自然法典》,说它是拉包梅尔的作品。

1756年,《自然法典》得到以达让松侯爵为代表的积极拥护,他认为这部书出于图桑的手笔。1757年,《自然法典》再版;1760年,又出了第三版(两版都没有署著者的名字)。

在法国,差不多都认为《自然法典》的作者是狄德罗。早在1756年,《文学法兰西》杂志就说这部著作的作者是狄德罗,但是被格兰(在《通信集》第3卷第244页)完全批驳了,他说狄德罗“自然没有在这部著作里写一个字”,可是直到1789年革命时期,甚至在革命以后,《自然法典》的作者是狄德罗这种说法还依然保留。在1773年于阿姆斯特丹出版的狄德罗五卷文集里,仍把《自然法典》收在第二卷。

1755年,摩莱里的另一部著作《Lettres de Louis XIV》(《路易十四世书信集》)出版。摩莱里在这部书里公布了作为父亲、朋友、公民和国王的路易十四的文件。作者在研究路易十四的思想时,并没有表明他对路易十四的看法。

1778年,摩莱里在长期没有发表作品之后,出版了他的最后一部著作:长诗《伊曼复仇》,并从《巴齐里阿达》中摘下数段附在这本书的后面。

*　　　*　　　*

在法国,《自然法典》80多年没有再版。只是在1841年,法国的政论家和出版家,最初是傅立叶主义者,后来变成共产主义者的弗朗斯瓦·维尔加德,才以摩莱里的名义出版了《自然法典》,同时摘录了《巴齐里阿达》中的片断,并对摩莱里的共产主义体系作了分析。1910年,在多利安主编的《经济学家大全》中,重版了《自然法典》。过了40年,即在1950年,吉尔贝·希纳尔又重版《自然法典》,前面附了一篇很长的序言,其中摘录了摩莱里的几乎所有的作品,最后,在1953年,巴黎的“社会出版社”又出版了《自然法典》(根据1755年的版本),其中附有B.П.沃尔金院士的序言和费·巴·舒瓦耶娃的注释。在苏联,《自然法典》的最初译本是根据1910年多列安的版本翻译的,在1923年出版,并附有沃尔金院士的序言。1938 年,这个译本再版。1947 年,《自然法典》俄译本的第三版出版,其中也附有沃尔金院士的序言。这个译本经过重新校订,对《自然法典》加了注释,并由舒瓦耶娃根据 1910 年版本进行了核对。

《自然法典》现在这个译本,附有《巴齐里阿达》的第一卷和第二卷的摘译,序言和传记部分也经过改写。

摩莱里没有留下画像。1950 年版的《自然法典》序言的作者吉·希纳尔推断,《巴齐里阿达》第一卷所刊印的画像,表面上好像是印第安诗人皮尔派,其实是故意模拟的摩莱里画像。我们认为这个推断比较合理,所以把这个画像附在这个译本上。

我们谨以现在这个增订本来纪念《自然法典》出版二百周年(1755—1955 年)。

图书在版编目(CIP)数据

自然法典/(法)摩莱里著;黄建华,姜亚洲译.—北京:商务印书馆,2024
(汉译世界学术名著丛书:120年纪念版:珍藏本:增订本)
ISBN 978-7-100-23737-6

Ⅰ.①自… Ⅱ.①摩…②黄…③姜… Ⅲ.①空想社会主义 Ⅳ.①D091.6

中国国家版本馆 CIP 数据核字(2024)第 077541 号

汉译世界学术名著丛书
(120 年纪念版·珍藏本·增订本)
自然法典
〔法〕摩莱里 著
黄建华 姜亚洲 译

商 务 印 书 馆 出 版
(北京王府井大街 36 号 邮政编码 100710)
商 务 印 书 馆 发 行
北京市十月印刷有限公司印刷
ISBN 978-7-100-23737-6

2024 年 5 月第 1 版　　开本 710×1000 1/16
2024 年 5 月北京第 1 次印刷　　印张 14¼
定价:75.00 元